天皇論

「象徴」と絶対的保守主義

子安宣邦

作品社

序言　絶対的保守主義と天皇制

子安宣邦

私たち日本人は天皇がこの日本社会に「君主」あるいは「象徴」的存在としていれば、日本の国家社会は安泰であると思っている。

この安泰感は日本国憲法第一条「天皇は日本国の象徴であり日本国民統合の象徴であって、この地位は、主権の存する日本国民の総意に基づく」によって天皇による国民的統合性が言われていることによるものではない。このいわゆる「新憲法」第一条による天皇制の存続自体が敗戦国日本の社会的統合の安全弁としてもった天皇制の意味がアメリカ占領軍当局によって戦略的に重視された結果であったのである。日本の社会的統合の安全弁としてもった天皇制とは天皇制の安定的な持続が日本社会の安定的な統合的持続をも保証するということである。この天皇の安定的な持続的存在によって自分たちの住む日本社会もまた統合性をもって安全に持続するといった考え方、日本人の社会生活を根底的に律するような考え方を私は「絶対的保守主義」と呼ぶのである。

だがこの天皇制が日本社会の安定的持続を保証してきたといったことは、日本史上に燦然として明らかな事態としてあるわけでは決してない。天皇とその朝廷が日本の政治権力的世界の中心にはっきりと存在したのは歴史上わずかな時期にしか過ぎない。にもかかわらず日本史が天皇的日本史として塗り直されていったのは、日本の近代国家としての成立が「王政復古」をスローガンとした明治維新によってなされていったからである。そしてこの「王政復古」の天皇主義的革新を導くように日本の歴史観と国家観とを天皇主義的に再形成していったのは本居宣長の国学的言説であり、会沢正志斎らの水戸学的言説であったのである。

　私が本論で詳しく述べるように宣長の『直毘霊《なおびのみたま》』の「千万御世《ちよろずおよ》の御末《みすえ》の御代まで、天皇命《すめらみこと》はしも、大御神の御子とましまして、天つ神の御心を大御心として、神代も今もへだてなく、神ながら安国と、平けく所知看《しろしめ》しける大御国になもありければ、古《へ》の大御世には、道といふ言挙《ことあげ》もさらになかりき」といった「天皇」をめぐる文章も言辞も宣長と同時代の人びとの初めて目にし、口にするものであったであろう。「天皇」は18世紀江戸社会の人びとにこのような言辞と語り口とをもって登場してきたのである。18世紀の宣長がする「天皇」をめぐるこの語り口の異様さは、20世紀昭和の戦後世界で初めて目にし口にした学生の私が感じた異様さと大した違いはないと私は思っている。この特異な〈天皇語〉ともいうべき天皇と天皇的日本を語る宣長的言語に読み慣れるまでに私は二、三年を要したが、江戸社会の読書人にとっても同様であったであろう。このことは宣長国学における〈天皇語〉というものの後世的に作られた異様な古さをいうものであって、本来的な古さをいうものではない。

宣長によって「天皇」が〈天皇語〉というべきような特異な擬古的言語をもって語り出されることの異様さを私はいった。この〈天皇語〉の異様さは20世紀の戦後世界にとってばかりではなく、それが成立した18世紀の江戸社会にとってもそうであったであろうと私はいった。宣長の国学上の先駆である契沖や賀茂真淵のテキストに万葉主義的な言語はあっても宣長におけるような〈天皇語〉を見ることはない。このことは『直毘霊』に見るような〈天皇語〉は『古事記』とその「天皇神話」的テキストの初めての忠実な解釈者である宣長によってのみ可能な〈天皇とその古えを語る言語〉であったことを教えている。私がここで宣長における〈天皇語〉ともいうべき言語の後世的成立をいうのは、歴史上に「天皇」が呼び出され、人びとにとって「天皇」が存在するようになるのもこの宣長の〈天皇語〉の成立と同時だろうと考えるからである。「天皇」の制度的な成立は一般に論じられても、「天皇」の言語・言説上の成立が論じられることはない。私がいま本書でしていることは一八世紀徳川時代の宣長による〈天皇語〉の語り出しに遡ってなされる〈天皇的日本〉の批判である。天皇制的社会構造として揺るがし難さをもつ日本の保守的社会体制に揺らぎを与えうるとすれば、この「天皇」の人びとにおける存立も、「天皇」の国家的、社会的な後世的な語り出しと共にであることを徹底して明らかにすることによってである。

「何がどのように言い出され、語り出されたのか」という〈言説の批判的分析〉を思想史の方法として私はもってきた。本書はこの言説論的立場からする私の思想史的作業の恐らく最後の作品であるだろう。宣長から始まった私の思想史的作業は宣長をもって終えることになるようだ。これも天皇制国家日本で思想史的作業をするものの負わざるをえない当然の帰結であるだろう。

目次　天皇論

第二部　天皇はいかに語り始められたか

第一部　絶対的保守主義としての天皇制

第一章　『古事記伝』の最初で最後の愛読者

「文字の出現以前、何時からとも知れぬ昔から、人間の心の歴史は、ただ言伝えだけで、支障なくつづけられていたのは何故か。言葉と言えば、話し言葉があれば足りたからだ。意味内容で、はち切れんばかりになっている。己れの肉声の充実感が、世人めいめいの心の生活を貫いていれば、人々と共にする生活の秩序保持の肝腎に、事を欠かぬ、事を欠く道理がなかったからだ。そういう、古人の言語経験の広大深刻な味いを想い描き、宣長は、はっきりと、これに驚嘆する事が出来た。」（小林秀雄『本居宣長』四十八）▼1

1　わが古伝説の愛読者

小林秀雄の『本居宣長』は近代日本あるいは20世紀日本に小林が遺した最後の著作、遺著だと私は思っている。その『本居宣長』の終りに近い章で師真淵と差異する宣長古学の本質を論じた小林は、その章を次のような言葉で閉じている。「宣長は、古伝説のわが国最初の愛読者であった事は、言うまでもないが、むしろ、覚め切った最後の愛読者となったところに、この思想家を語る困難はあるように思われる。」『古事記』のわが古伝説への愛なくしては生まれないその注釈学的大著『古事記伝』の著者本居宣長への、宣長がわが古伝説に対してもったと同様の愛と畏敬とをもってした小林の言葉である。だからこの言葉は直ちに、「小林秀雄は、『古事記伝』のわが国近代の最初の愛読者であった事は、言うまでもないが、むしろ、覚め切った最後の愛読者となったところに、この思想家を語る困難はあるように思われる」と言い換えることができるのである。

ところで「覚め切った」愛読者とは何をいうのだろうか。宣長においてそれは〈注釈学〉という覚めた理解のプロセスを踏んだ愛読者をいうのだろうか。そして小林においてそれは〈文学解釈〉という深い作品理解のプロセスをいうのだろうか。小林の『本居宣長』が前半の『源氏物語』論と後半の『古事記』論の二部構成になっていることはただ宣長学の形成史がもたらした結果ではない。前半の『源氏物語』をめぐる「物のあはれ」という文学概念が後半の『古事記』をめぐる諸章でもしばしば想起されているように、〈古伝説〉の向こうに古人の生と言葉とを見る小林は文学的な方法意識をもった覚めた〈古伝説〉の解釈者というべきだろう。だがそのことは小林が宣長『古事記伝』の近代日本の最初にして最後の愛読者であることを否定するものでは全くない。

ところでいまここでいう〈古伝説〉とは文字なき世の伝《つた》え説《ごと》である。それはわが古の神をめぐる語りが「神」字をもっていなかった時代の「迦微《かみ》（カミ）」の語りである。では古人にとっての「カミ」とは何か。それは「神」字をもってする「カミ」という語の意義を問うことで明らかにされるのか。宣長は『古事記伝』三之巻の「神」字をめぐる最初の注釈で、「迦微と申す名義《なのこころ》は未だ思ひ得ず」といい、「旧く説ることども皆あたらず」といっている。では宣長は「迦微」をめぐる古えの伝説をどう読んだのか。小林はこう語っている。

「宣長には、迦微という名の、所謂本義など、思い得ても得なくても、大した事ではなかったのだが、どうしても見定めなければならなかったのは、迦微という名が、どういう風に、人々の口にのぼり、どんな具合に、語り合われて、人々が共有する国語の組織のうちで生きていたか、その言わば現場なのであった。[2]」

わが〈古伝説〉に初めて登場する「迦微」を宣長はどう読み、どう理解したのか。宣長の理解とは、「迦微」という名がどういう風に人びとの口にのぼり、語り合われ、古人の共有する言語組織[3]の中で生きていたかという、彼らの言語生活の現場における「迦微」の理解であったというのである。これは近代日本のもっとも優れた文学理解者小林秀雄によるわが〈古伝説〉の最初の理解者本居宣長の再発見の言といってよい。だがこの言が小林の文学理解からなるものであることは、すでにいうようにこれが『源氏物語』理解の言と本質的に変わらないことによって知ることができる。上に引く小林の言のうちの「迦微」を「あはれ」に置き換えて、宣長の『源氏』理解とは「『あはれ』という語がどういう風に宮廷貴族男女の口にのぼり、語り合われ、彼らの共有する言語組織の中で生きていたかという、彼らの言語生活の現場における『あはれ』の理解であった」ということができる。これは間違いなく小林の『源氏物語』論から導かれる言葉である。

だが小林の『古事記』論と『源氏物語』論との等質性をいうだけでは正しい読み方ではない。小林は、「人々の口にのぼり、どんな具合に、語り合われて、人々が共有する国語の組織のうちで生きていたか、その言わば現場なのであった」といっているのである。引用文中にあえて傍点を振って示したように、「迦微《かみ》」という語が古えの人々の口にのぼり、生きていたことを小林は「人々が共有する国語の組織のうちで生きていた」というのである。『古事記』の古伝説における「神」字渡来以前の「迦微」とともに生活した古人の言葉を小林は「国語」といい、「迦微の名」は「人々が共有する国語の組織のうちで生きていた」というのである。この言葉は宣長の『古事記』古伝説受容の再現でありながら、小林の言葉は宣長をこえた再現となっている。それは「国語」をいうことによってである。

2　文字なき世の言葉

宣長に彼の「道の論」を難ずる書『まがのひれ』に応答した『くず花』という書がある。その書の冒頭で宣長は「或人まがのひれという書を作りて、余があらはせる道の論【此書直霊《ナホビノミタマ》と名づけて一巻あり】を難じたり」といっている。この『まがのひれ』の著者市川多門（匡麻呂）は宣長門下の田中道麿と親交のあった名古屋の蔆園派の儒者であった。市川匡麻呂は文字なき代の言い伝えの信憑性を厳しく問うのである。

「凡テ言伝《コトヅテ》ト云モノハ、人ニ命ノ極アリ、事ニ伝ノ謬アリ、多クハ消ヌルガチニシテ、実ナラヌ事ノミ遺存《ノコレ》ルゾ、常ノ例ナル、文字アル国ハ、文字ニテ事ヲ記《シルシ》ツレバ、上ツ代ヲモ今ノ如ク知ラス事灼《イチジ》熟《ロケク》、是ヲ文字ノ徳ト云メリ、御国ハ、応神天皇ノ御世ニ、異国ヨリ渡来テ、始テ文字ヲ用習ヘリ、応神ヨリ天武マデ三百年バカリ、カノ阿禮ガ誦習タル御記録共ハ、此三百年ノ間ニ作タルモノナルベシ、応神ヨリ上ツ方神武天皇マデ千年バカリ、神武ヨリ上ツ方ハ、又幾年ヤ経タリケン、凡テ文字ナキ間ハ、其事ハタ言伝ノミニシテ、消ヌル例ノ中ナレバ、上ツ代ノ古事ハ、後ノ天皇ノ御慮《ミハカリ》ニ令成《ナラセ》ツル秘事《ヒメ》ナリケリ、▼4」

この『まがのひれ』の非難に対して宣長は『くず花』でこう答えている。「然れ共文字なき世は、文字無き世の心なる故に、言伝へとても、文字ある世の言伝へとは大いに異にして、うきたることさらになし、今の世とても、文字知れる人は、万の事を文字に預くる故に、空にはえ覚え居らぬ事をも、文字知らぬ人は、返りてよく覚え居るにてさとるべし、殊に皇国は、言霊の助くる国、言霊の幸はふ国と古語にもいひて、実に言語の妙なること、万国にすぐれたるをや、」

宣長は文字無き世の言伝えの妙なるあり方を称えていったりするが、文字知りて後の人びとの賢《さか》しら心を破るのは容易ではない。窮極的には「天照大御神の御生れませる御国」の優越性をいうことでその賢しら心を破するしかないのである。

「まず皇国には、天地の判れし始よりして、国土日月万物の始などまで、其事の詳《つばら》に伝はりきぬるは、天照大御神の御生坐《みあれ》る御国として、万国に勝れ、人の心も直かりしゆゑ、且は中古迄、中々に文字といふ物のさかしらなくして、妙なる言霊の伝へなりし徳ともいひつべし。」（『くず花』上つ巻）

「天照大御神の御生坐る御国」の優越性とは、そのことと共に天地と万物の始まりを詳細に文字ならぬただの言葉でもって伝えてきたわが「言霊の幸はふ」皇国の優越性である。この「言霊の幸はふ」皇国の優越性とは漢文字という虚偽的文字体系としての儒教的教説に対して御国言葉とその伝承の真実をいう理由であり、根拠でもあった。まさしくそれは皇国の道を基礎づける国学的イデオロギーである。だから古伝承の文字なき世の真実を解き明かす『古事記伝』は文字の国〈漢〉との「道」をめぐる思想的闘争書『直毘霊』を必要としたのである。だが話は行き過ぎた。文字無き世の言い伝えをめぐる信と不信との問題にもどろう。なぜわれわれは文字無き世の言い伝えを真実として宣長とともに信じることができるのか。

3　文字無き代の言語経験

小林は『本居宣長』で古伝承の文字無き世の真実、あるいはその信と不信とをめぐって大きな議論を展開している。あたかも『本居宣長』の最後の主題はそれであるかのごとくである。

「文字の出現以前、何時からとも知れぬ昔から、人間の心の歴史は、ただ言伝えだけで、支障なくつづけられていたのは何故か。言葉と言えば、話し言葉があれば足りたからだ。意味内容で、はち切れんばかりになっている、己れの肉声の充実感が、世人めいめいの心の生活を貫いていれば、人々と共にする生活の秩序保持の肝腎に、事を欠かぬ、事を欠く道理がなかったからだ。そういう、古人の言語経験の広大深刻な味いを想い描き、宣長は、はっきりと、これに驚嘆する事が出来た。『書契以来、不レ好レ談レ古』と言った齊部宿禰の古い嘆きを、今日、新しく考え直す要がある事を、宣長ほどよく知っていたものはいなかったのである。▼5」

小林はこれとほぼ同じことを「国語」という語を使いながらいっている。「彼等は、自分等が口にしている国語の抑揚さえ摑まえていれば、物事を知り、互に理解し合って暮すのに、何の不自由もなかった。そういう生活が、文字と共に始った歴史以前、どれほど久しい間、続けられて来たか、宣長は、この言伝えの世として、何一つ欠けたところのない姿の裡に、身を置いて、人々の心ばえを宰領している言語表現を想い描き、其処では表現の才を言うより、表現の天分を言う方が、どれほど自然な事だったかを直覚していた。言語表現の本質を成すものは、習い覚えた智識に依存せず、その人の持って生れて来た心身の働きに、深く関わっているものだ、そういう言語機能の基本的な性質は、『文字ある世』になっても少しも変りはしないのだが、それが忘れられて了ったのである。[6]」

小林は文字の導入前の話し言葉で足りていた時代の言語生活の充実をいう。これは『古事記』の古伝承すなわち文字無き世の「神と世の始まり」の語りを構成する古人の言語の充実をいう小林の言葉である。たしかに宣長は「唯いく度も古語を考へ明らめて、古へのてぶりをよく知るこそ、学問《ものまなび》の要《むね》とは有ルべかりけれ。凡て人のありさま心ばへは、言語《ものいひ》のさまもて、おしはかるゝ物にしあれば、上ッ代の万ッの事も、そのかみの言語をよく明らめさとりてこそ、知ルべき物なりけれ[7]」と『古事記伝』の序の巻でいっている。上に引く小林の言葉もこの宣長のいう「上ッ代」の人びとの「言語のさま」を敷衍するものだということはできる。だがここに引く小林の言葉は宣長の「言語のさま」をただ敷衍するものであろうか。小林はわが「上ッ代」の人びとの間に一つの共同体的言語の成立を読んでいる。上に引いた小林の言葉は一つの共同体的言語の成立を前提にしている。彼はその言語を「国語」といっているのである。

4　なぜ「国語」なのか

しかし神々の成立をめぐる伝承を語り継ぐこの列島に成立する共同体的言語を小林はなぜ「国語」というのだろうか。国語辞典は「国語」の第一の意義として「わが国の言語、日本語」をあげ、第二に「ある国家の公的な言語、国家語」をいっている。[8] だが「わが国の言語、日本語」という意味での「国語」という概念語は日本近代の初めから日本に存在したわけではない。大槻文彦の『言海』[9] には「国語」の語彙は存在しない。「国語」という語彙は上田万年が明治27年（1894）に講演の題目として「国語と国家と」に「国体の標識」としての「国語」と表現してから定着したとされる。この意味での「国語」とはもともと日本語特有の表現であった。この日本語の「国語」に近い語はフランス革命で生まれた“langue nationale”である。「わが国の言語、日本語」を意味する「国語」は近代日本に成立した概念語である。小林秀雄はこれを『古事記』のわが古伝承の文字なき時代の人びとの充実する話し言葉を構成する言語を指して使うのである。言葉に繊細な小林が「国語」概念の近代的成立をめぐるこの事実を知らずして使うことはない。小林はここで意識的に「国語」の語を使用しているのだ。

「彼等は、自分等が口にしている国語の抑揚さえ摑まえていれば、物事を知り、互に理解し合って暮すのに、何の不自由もなかった。そういう生活が、文字と共に始った歴史以前、どれほど久しい間、続けられて来たか、宣長は、この言伝えの世として、何一つ欠けたところのない姿の裡に、身を置いて、人々の心ばえを宰領している言語表現を想い描き、其処では表現の才を言うより、表現の天分を言う方が、どれほど自然な事だったかを直覚していた」という文字使用以前のこの列島の人びとがその話し言葉による言語生活に充足し、豊かな言語表現をも可能にしてきたことを称えいう宣長の古伝承理解を、20世紀の昭和の人小林は深い同意とともに記しているのである。その同意の徴が「国語」の語の使用である。『古事記』の古伝承を構成してきた古人の言語、文字渡来以前のこの列島の住民たちが使用し、その心身の生活を充足させてきた言語に20世紀の已れの言語に連なる親愛の情を小林は「国語」の語の使用をもって示したのである。

5 「国語」という「形」

『古事記』の古伝承を綴る言語に20世紀のこの列島の已れの使用する言語を重ねて「国語」というとき、この二つの言語の間に小林が見ているものは何か。小林は歴史の中で言辞の取る「形」をいう。「誰が工夫し、誰が作り上げた『形』でもない、人々に語り継がれて生きて行くうちに、国語は、自らの力で、そういう『形』を整えたのである。」どこの言語もその「形」を整える力を自らのうちに蔵している。「ただ、ここでは、国語が、その『形』を整えるに当って経験した、特殊な条件が問題なのだ。それは何かというと、私達は、『古への語言』の、尋常な『形』を『失はぬを主と』して、自分達の最古の国史を書かねばならなかった、という事である[10]。」

この列島のはるか古の人びとの言辞が一つの形をもった「国語」という言辞として形成されるには一つの経験を経由する必要があったと小林はいう。小林は宣長の語彙を残しながら、「私達は、『古への語言』の、尋常な『形』を『失はぬを主と』して、自分達の最古の国史を書かねばならなかった」

といっているのである。「古への語言」を失わぬ『古事記』の編纂こそ、小林によって重大な事件性をもった「国語」形成の意義として読み直されるのである。「漢文との衝突によって目覚まされ、研がれた国語の『形』の意識の動き、宣長は、これを私達の文化の曙に当り、その内奥で起った、異様な重大な事件と率直に受取っていたのである。」

小林は『古事記伝』の宣長と古伝承の古言に対する精神を同一化させながら、表記手段としての漢字によって損なわれ、失われない国語の形、あるいはむしろ漢字の受容、接触を通じて「目覚まされ、研がれた」国語の形についての意識の動きの重大さをいうのである。それはわれわれの「言語の形」への意識がわれわれの文化の曙というべき時期に生じたことの重大さをいうことでもある。こう見てくれば小林が『古事記』古伝承の言語を「国語」の語をもって語ったことの意味ははるかに重大だということが知れよう。

『古事記』古伝承における古人の言語を「国語」として語る小林の言葉に古人の言語との同一性を承認する積極的な言語的ナショナリズムを私は感じる。それは18世紀の『古事記伝』という言語的ナショナリズムの最初にして最大の表現を20世紀の後半という時期に賛同的に受け止め、オウム返しした言葉である。この「国語」を語る小林の言葉に私は老いた言語的ナショナリストの孤立的な悲壮さを感じてしまう。

6　「私達の運命」

小林の『本居宣長』は五十章で終わるが、その四十九章で「運命」ということをいっている。「宣長は、古伝説を創り、育て、信じて来た古人の心ばえを熟知しなければ、わが国の歴史を解く事は出来ぬ、神々が、伝統的心ばえのうちには、現に生きている事は、衆目の見るところである、そういう風に考えていた。」小林は『古事記』の古伝説中の古人の言語、信仰、心情、生活への内的な同一化的な理解なくしてわが国の神代以来の歴史を解くことはできないと宣長は考えていたという。そうした宣長の考えは、上田秋成が宣長を批判して「其国のたましひが、国の臭気也」といった考えと真反対のものだと小林はいう。そういった後で小林は、「今もなお古伝説の流れに浸った人々の表情は、故意に眼を閉じなければ、誰にも見えている。それは、私達が国語の力に捕えられているのと同じように、私達の運命と呼ぶべきものである」というのである。

小林は『古事記』古伝承における古人の言語との一体性を「国語」としていっていた。その小林は今ここでその言語をも含んだ古人の生活的表情との一体感をいうのである。その古人の表情は、「故意に眼を閉じなければ、誰にも見えている。それは、私達が国語の力に捕えられているのと同じように、私達の運命と呼ぶべきものである」というのである。これは小林の信仰告白といってもよい言葉である。小林の宣長『古事記伝』の読みがここにまで至っていることに驚くのである。宣長は『古事記伝』古伝承の古人の言語や生活的表情との一体性を「日本語」「日本人」という語をもっていったりはしない。小林はただ「故意に眼を閉じなければ、誰にも見えている。それは、私達が国語の力に捕えられているのと同じように、私達の運命と呼ぶべきものである」というのである。だが「運命」の語をもってしたこの言葉は小林における「日本ナショナリズム」の究極の表明のように思われる。その意味で私は小林秀雄を『古事記伝』の近代日本における最初にして最後の愛読者というのである。

私の小林の『本居宣長』をめぐる論考はここで閉じられてもよいわけだが、これが「絶対的保守主義としての天皇制」という議論の序説としてはこれで終えるわけにはいかない。この『本居宣長』が書かれた１９６５〜１９７６年という時代にもどって宣長を、あるいは『古事記伝』を戦後日本で論じることの意義を考えてみたい。

１９６０年とはたしかに戦後日本の転換点であった。政治的にも、経済的にも、思想的にも、学問的にも。日本ナショナリズムの記念碑的国学者として戦後的批判の中にあった本居宣長もまた60年代に再評価されていった。小林秀雄や吉川幸次郎によって宣長の『古事記伝』の注釈学的作業が高く評価されていったのもこの時期であった。宣長は〈わが古《いにしえ》〉の比類ない注釈学者として再発見され、再評価されたのである。「古言」とは「古事」であり、「古事」からなる〈わが古《いにしえ》の世も道〉も「古言」によってのみ明らかにされるという宣長の注釈学が、〈わが古《いにしえ》〉の再発見の道を彼らに提示したのである。小林秀雄にとって『古事記』は宣長による古言の注釈学的作業とともに追体験すべきわが古《いにしえ》の人の事と心の世界となった。西郷信綱が宣長の注釈学に「古の事と物に至る道」を見出しながら、彼自身による『古事記』注釈作業を始めたのもこの時期であった。西郷は若い文化人類学者山口昌男らとの学的交流を通して『古事記』テキストから古代国家における祭祀体系の神話化的言説構成を読み解こうとしていた。小林の遺書ともいうべき大著『本居宣長』が出たのは昭和52年（1977）であった。これは戦後日本における宣長の復活を刻する事件であった。この『本居宣長』を構成する文章は昭和40年（1965）5月から昭和51年（1976）12月までの雑誌『新潮』に連載されたものである。また吉川幸次郎の「本居宣長の思想」が書かれたのは昭和43年（1968）12月から翌年の1月にかけての時期であると自ら記している[11]。西郷の『古事記注釈』の第一巻が刊行されたのが昭和50年（1975）であり、最終の第四巻の刊行をもってその作業が完結したのは昭和の最後の年、すなわち昭和64年（1989）である。ちなみに私が最初の著作『宣長と篤胤の世界』[12]を書いたのもこの時期であり、それが刊行されたのも小林の大著と同じ昭和52年である。私もまた宣長の思想世界を「注釈学的思想の世界」ととらえ、『古事記伝』の思想的意味を読み出そうとしていた。戦後60年代に始まる宣長の学問的評価の転換は、戦後の所謂〈イデオロギー批判〉としての国学批判の不毛さを衝きながら、『古事記伝』における宣長の思想世界を「注釈学的思想世界」として再構成し、それに高い評価を与えていくような転換であった。

だが宣長『古事記伝』をめぐるこの評価の転換は、『古事記伝』からその神道イデオロギー的序文

『直毘霊《なほびのみたま》』をはずしてしまうことであった。かくて『古事記伝』という〈わが古言〉の注釈学はイデオロギー性をもたない〈わが古言〉による〈わが古《いにしえ》〉の認識の方法となり、それとともに『古事記』もまた〈わが古言〉からなる非政治的な言語的テキストとなったのである。では『直毘霊』とは何か。宣長『古事記伝』の問い直しも、そこから始めねばならない。

第二章　１９７０年代日本と宣長の読み出し――吉川幸次郎と『古事記伝』

1　戦後日本と本居宣長

「宣長の学問の究極の目的とするものも、そのいわゆる『道』の追求にあった。人生なり世界の法則の追求にあった。しかし追求は、総括的言語によるのではなく、個別的言語によるべしとした。『道』は、個別的言語の外にあるのでなく、個別的言語の中に、具体的な力をもって顕現しているとした。」「『古事記』という個別的な言語、彼としてはもっとも尊重する書ではあるが、要するに一種の個別的言語、彼としては個別的であるゆえに、もっとも尊重すべき言語、それへの注釈に、一生の精力をかたむけたのである。」（吉川幸次郎「『古事記伝』のために」[1]）

小林秀雄の大著『本居宣長』が刊行された昭和52年（1977）とは宣長関係書が重なって出版された年であった。中国文学の泰斗吉川幸次郎の『本居宣長』が刊行されたのもその年の6月であり、私の初めての著書『宣長と篤胤の世界』が刊行されたのも同じその年の6月であった。だがこう語りだしながら、斯界の大家たちの宣長論に日本思想史学界の駆け出しの研究者にすぎなかった私の宣長研究を並べて時代と宣長論の成果をいうつもりは私にはない。だがこの時期、戦後という時代のはっきりと過ぎたこの時期における宣長論の盛況を書きながらつくづく思うことは、それに先立つ戦後という時代における宣長論あるいはその主著『古事記伝』をめぐる議論の不在という事実である。それは戦前戦中の国体論的思想運動としての国学研究への当然の批判的対応であったろう。その解体的批判といった対応以外のものが宣長に向けられることはなかったのである。わずかに宣長の「物のあはれ論」における「物のあはれを知る心」という和歌的情趣の主体的構成の積極的意味が評価されたりする程度であった。国学研究をめぐる戦後の思想状況を野口武彦が私の著書『宣長と篤胤の世界』の「書評」の場を借りてこう書いている。

「戦後三十年の間、国学思想はとかく敬遠されがちな研究分野であった。それに先立つ戦争の時代に、国学がほとんど国粋主義や皇国精神の代名詞であったことは、まだわれわれの記憶に新しい。つい最近まで、国学を語ること自体に一種のアレルギー反応が生じたことにもそれなりに理由があるといえようし、学問的に対象にする場合も、もっぱら『幕藩体制下の被治者のイデオローグ』として国学者をとらえる決まり文句しか通用しなかったのも、いってみれば当然の反作用だったのである。[▼2]」

この戦後の国学ことに宣長をめぐる研究、あるいはほとんどなされていなかった『古事記伝』をめぐる研究状況に大きな衝撃を与えたのは小林の『本居宣長』であり、吉川幸次郎の『本居宣長』をはじめとする諸論策であった。吉川は早くから漢学的基礎をもち、堀景山を通じて徂徠の古文辞学をも知った宣長の『古事記伝』に学問的評価だけではない高い思想的評価をも与えてきた。ことに「個別的言語」の概念をもってする宣長『古事記伝』をめぐる吉川の高い評価の論説についてはこの講義の課題として特別に考えねばならない。

１９７０年代という時期、戦後日本は「戦後」という歴史規定をまったく脱し、１９６８年にはGDPで西ドイツを抜いて世界第二位という経済大国となった。その70年代に宣長と『古事記伝』の読み直しが行われ、その読み直しの成果が世に問われていったのである。

2　１９７０年代の日本

１９７１年から73年にかけての時期、私はドイツのミュンヘンにいた。したがって72年2月のいわゆる「浅間山荘事件」を私はミュンヘンで知ったのである。それを知ったのは日本から送られてきた新聞によってである。私が69年の安田講堂の攻防戦を見納めにして助手であった東大を去り、その春なお全学封鎖中の横浜国大に移った。私はそこで大学の封鎖解除と慌ただしい授業の再開、そして70

年春の新学期からの一年を新任教師として体験したところで私はフンボルトの奨学金を得てドイツに留学したのである。私が赴任した当時横浜国大は全共闘の拠点校の一つであった。僅か一年余のその大学での体験であったが、過激化する学生たちの孤立と焦燥と絶望とを知ることができた。それとともに彼らに対峙する教授たちの精神的頽廃とを。大学を封鎖する学生たちと対話しようとする僅かな教師たちは浮き上がり、教授会から否認され、排斥されていった。私もその一人であった。私はこの日本の大学からドイツに逃げたといってもいい。それは１９７１年の春であった。そしてドイツでの最初の年を越した72年の2月にこの「浅間山荘事件」を送られてきた新聞によって私は知ったのである。学生たちのラジカリズムはここにまで至ったかという恐怖に似た驚きでほとんど私の心は凝結した。

　この浅間山荘内に立てこもった赤軍派の戦士たちは山荘内のテレビでアメリカのニクソン大統領の中国訪問のニュースを見たという。その一人加藤倫教は「ここで懸命に闘うことに何の意味があるのか。もはや、この戦いは未来には繋がっていかない」▼[3]と思ったという。まさしく１９７２年とは世界史的にはニクソンの訪中をもって劃される年であった。ニクソン大統領が訪中すると、衝撃を受けた佐藤栄作内閣は退陣する。その後に組閣した田中角栄内閣が、外交方針を大きく転換させる。同年、田中首相は訪中し、中国の周恩来首相との日中共同声明を発表し、日中国交正常化が実現することになるのである。田中は国内的には「日本列島改造論」をもって過密・過疎の同時解消をはかる思い切った政策を展開した。しかしこの大型公共投資を中心とした内需拡大策は激しい土地騰貴と地価暴騰をもたらすことになった。「1973年2月に変動為替相場制に移行して以来の円高不況、同年10月、第四次中東戦争に際して、第一次オイル＝ショックが日本経済を直撃。そして74年には、戦後初のマイナス成長となって、高度経済成長の時代は終わりました」と『戦後日本史』[4]の著者は書いている。その翌1974年、立花隆が「田中角栄研究——その金脈と人脈」を雑誌『文藝春秋』に書いて田中の金脈問題を衝き、彼を退陣に追い込んでいくのである。田中がロッキード事件で逮捕されるのは1976年7月であった。

戦後日本における宣長の再登場の背景をめぐる70年代日本の想起はこれをもって終えることができるのか。いやできない。なぜか。ここには中国の文化大革命の帰趨が書き込まれていないからだ。中国共産党の党内実権派（走資派とも呼ばれる）からの権力奪取を文化改革運動に装って求めた文化大革命は1966年に毛沢東とその支持者によって始められた。やがて毛沢東思想を信奉する学生たちによって紅衛兵と呼ばれる闘争集団が結成され、全国的に少年少女が続々とこれに加入し、文化大革命の熱烈な集団的遂行者となっていった。彼等はやがて相互にレッテルを貼りあい、集団的武闘を繰り返すようになる。中国におけるこの文化大革命の遂行は、世界のことに日本の学生たちの運動にも大きな影響を与え、その武闘化を促したともいわれている。

1976年9月9日に毛沢東が死去し、新しく首相となった華国鋒は江青ら四人組を逮捕した。

1977年8月、中国共産党は第十一回党大会で、四人組粉砕をもって文化大革命は勝利のうちに終結したと宣言した。中国の十年にわたる文化大革命による犠牲者数については中国共産党に公式の資料はなく、内外の研究者の調査による四十万人から二千万人以上という諸説がある。高度成長期の日本は1966年から76年にいたる文化大革命期の中国を巨大な隣国としてもち、その中国における文革の行方を深刻な思いをもって見つめていたのである。60年代から70年代にいたる日本をこの文革中の中国と切り離して見ることはできない。

3　70年代と「宣長問題」の構成

私はいま宣長とその『古事記伝』の読み直しが行われ、その読み直しの成果が世に問われていく70年代の日本とはいかなる時代であったのかと問いながら、その時代の日本と隣接する大国中国の歴史的状況についての概括的な記述をも試みてきた。当時、小林秀雄の『本居宣長』も吉川幸次郎の宣長をめぐる諸論文も高度成長期の日本で激動の文革期中国を向こうに見ながら書かれていったのであろう。中国ではその時、中国共産党の革命的本質の持続的把持を主張する毛沢東によるイデオロギー闘争が党外大衆をも巻き込んで激しい形で展開されていた。子が父を、弟子が師を、平の隊員が幹部を弾劾し、追及する公開裁判の写真や情報が日本のわれわれにも衝撃的に伝えられていった。中国における文革のこの激しい進行は中国革命に共鳴してきた戦後日本の知識人たちを困惑させ、沈黙させていった。私は戦後日本における本居宣長の復活という事態に直面する70年代という時代とは何かを記してきた。そして70年代という時代の記述は中国における「文化大革命」という正規の共産党史がすでに終結を宣言し、それについての回顧的言及をも否認する革命的騒動にも及んでいった。私はなぜこのような70年代の歴史的状況論的な記述をしていったのか。

だがいま私の70年代の歴史的状況論的記述の意味について答える前に「宣長問題」と私がいう近現代史の上に絶えず生起する問題的言説をめぐって述べておきたい。それは宣長とその『古事記伝』との読み出しをめぐる問題である。近現代における宣長とその『古事記伝』の再読み出しは、原型としての「宣長による『古事記』の発見とその読み出し」をもっている。宣長による『古事記』の読み出しは〈漢意批判〉を通じての〈原日本〉の創出的発見としてなされていった。したがって近現代における宣長と『古事記伝』の再読み出しは、宣長とともに〈原日本〉の創出的発見を繰り返すのである。そのことを私は「宣長問題」といったのである。したがって後世に宣長とその『古事記伝』とが読み直されるとき、そこに「宣長問題」が構成されているのである。〈漢意批判〉とともに〈原日本〉がもう一度問い直され、語り出されようとしているのである。私が問うているのは、この70年代の日本で「宣長問題」はいかに再構成されたかである。

4　「要するに一個の個別的言語」

吉川幸次郎は宣長の『古事記伝』を高く評価する理由としてこういっている。「『古事記』という個別的な言語、彼としてはもっとも尊重する書ではあるが、要するに一個の個別的言語、彼としては個別的であるゆえに、もっとも尊重すべき言語、それへの注釈に、一生の精力をかたむけたのである。総括的な言語を、個別的な言語よりも尊重するという習性になれた人人には、容易に理解されないであろうけれども、事実はそうなのである。」（「『古事記伝』のために」[5]）では「個別的言語」とは何か。吉川はこの「個別的言語」の重要性を説くにあたって『古事記』神話の三貴子誕生の場面によっている。黄泉の国から帰った伊邪那岐大神が日向の橘の小門《をど》の阿波岐原《あはきはら》で禊ぎし、天照大御神・月読命・建速須佐乃命の三貴子を得た神話によりながら宣長が、「人は人事《ひとのうへ》を以て神代を議《はか》るを、我は神代を以て人事を知れり、そのおもむきを委曲《つばら》に説む」といい、人の世には、善があると共に必ず悪が、幸福があると共に不幸があること、つまり吉善があると共に必ず凶悪があること、そうして凶悪は吉善から生まれ、逆にまた吉善も凶悪から生まれつつ、互いにうつりもてゆくのだが、しかし凶悪は終に吉善に勝たず、また人は必ず凶悪をきらって吉善を行うという説を、附注をもふくめて、二千五百字あまり展開し、その最後を「凡そ世間古今万事、此理にもるることなし」という言葉をもってしたことを吉川はのべた上で、なぜ宣長がこの重要な議論を神代のこの条で発するかの理由をのべている。「それは神代の巻のこの条という個別的な言語が、個別的であるゆえに具体的であり、一般的な道理を個別的であるゆえにこそ、もっともよく語っていると、考えたからである。『我は神代をもって人事を知れり』というのは、この確言を示す。」

吉川は宣長の『古事記伝』は『古事記』とともに「個別的言語」からなるものとしている。ここでいう「個別的言語」とは何かとは、吉川自身による積極的説明はない。ただ「事柄の前提には、総括的な言語の水っぽさへの、深い嫌悪があった。嫌悪のもっとものの対象となったのは、漢意であり、漢籍であった」という「漢意」批判にかかわる「個別的言語」概念成立事情の説明があるだけである。吉川はあるいは荻生徂徠に遡り、「且つ今人の理の当否を弁ずる者は、皆な己が心を以って之れを定む。己が心の見る所は、亦た其の幼き自り習う所の、宋学の旧見也。是れ安《な》んぞ準《のり》を為すを得ん乎。故に今の以って準と為す可き者は、辞に若《し》くは莫し焉」という言によって「理」とは「道理を総括して説く総括の言語」であり、それに対して「徂徠が尊重する『辞』とは、個別的言語のいいにほかならぬ」といった徂徠学由来の概念であることがいわれるだけである。

私は今回あらためて吉川の宣長や『古事記伝』をめぐる論説を読んで、この碩学のいかにも唐突な概念構成をもってする議論のあり方に驚いた。「個別的言語」という概念をもって宣長とその『古事記伝』の意義も特質も吉川は語りきってしまうのである。その独り善がりともいうべき論法に私は驚くとともに同時になぜこの「個別的言語」という概念的に定かでない用語をもって吉川が宣長『古事記伝』における言語的特質を語りえたことの不思議を思った。

4　復活再生としての「漢意批判」

吉川幸次郎はなぜこの時、すなわち1960年から70年代にかけてのこの時、「個別的言語」という概念をもって宣長とその『古事記伝』とを語りきったのか。もう一度ここに吉川の決定的な発言を引いておこう。

「『古事記』という個別的な言語、彼としてはもっとも尊重する書ではあるが、要するに一個の個別的言語、彼としては個別的であるゆえに、もっとも尊重すべき言語、それへの注釈に、一生の精力をかたむけたのである。総括的な言語を、個別的な言語よりも尊重するという習性に慣れた人人には、容易に理解されないであろうけれども、事実はそうなのである。」

私はこれを吉川の「決定的な発言」といったのは、ここで『古事記』と『古事記伝』とが彼にとってもつ決定的な意味が「個別的言語」という概念をもって語られているからである。だがその肝心要の「個別的言語」とは何かという問いに、「総括的言語」の反対物という以上の説明はない。しかもその「総括的言語」についても吉川は「総括的な言語の水っぽさへの、深い嫌悪があった。嫌悪のもっとものの対象となったのは、漢意であり、漢籍であった」というような、それこそ「水っぽい」説明が繰り返されるだけなのだ。このように見てくると、「総括的言語」と「個別的言語」との対抗関係から説き出される『古事記』とその注釈書『古事記伝』の吉川の再評価とは、二百年前すなわち江戸明和の世（1770年代）における宣長による漢意批判の二百年後すなわち昭和末期（1970年代）における復活再生の言だと思われてくる。

私は宣長の『古事記伝』が再び語り出される70年代という時代とは何かをまず問うた。70年代とは小林秀雄、吉川幸次郎といった昭和という時代を代表する文学者によって宣長が読まれ、その『古事記伝』の意義が一般の読者に向けて語り出されていった時代である。この70年代という時代は現代中国において猖獗をきわめた文化大革命がその終結に向かった時代でもあった。この文化大革命、現代中国人の存立のあり方を規定しているような伝統的な文化的総体を否定することを指示するこの革命の凄さはわれわれの想像を超える。その十年後の北京での滞在体験を通じて私はその事実を知った。ただ中国の文化大革命がもつラジカリズムは中国固有のものではなく、60年代に欧米日本で展開された学生たちの反乱に共通するものであった。その時期東大の研究室を封鎖する学生たちと対話し、この闘争の目的を私は聞いたことがある。私のその問いかけにある学生が「自己否定」だと答えた。私はそのあまりに哲学的な回答のあり方に驚いた。しかし次第にこの回答こそがこのラジカルな闘争のもっともラジカルな答えであると思うようになった。「自己否定」という答えが己れを構成し、規定してきた思想的学問的体系の否定的解体をいうものであるかぎり、これほどラジカルな答えはない。これは中国の文化大革命の根柢にも繋がるラジカリズムでもあるだろう。

私がいま60年から70年代にかけての中国の文化大革命や日本の学生たちの大学闘争を振り返って思うことは、吉川における「個別的言語」概念成立の前提としてあるのは、あらゆる個別性を消去して

「革命」を選別し、「反革命」を消去する中国文化大革命の徹底した政治的言語ではなかったかということである。吉川は恐らく朱子学的な「総括的言語」の現代的再生をそこに見ていただろう。20世紀末の「漢意批判」はこのように行われるのである。

「漢意批判」とは宣長の『古事記』の注釈学的作業における方法的概念である。この「漢意批判」という方法的概念は『古事記』というテキストの成立のあり方と不可分な関係をもっている。『古事記』は太安万侶という筆録者によって、誦習された古伝承の文字化を含みながら漢字表記のテキストとして8世紀初頭に成立したものと考えられる。そのことはすでに存在する帝皇の日嗣や先代の旧辞が『古事記』上中下三巻に統一されて成立したことを意味する。したがってこの『古事記』の筆録者とは漢字表記によるテキストの作成者であるとともに、テキストへの統一性の賦与者でもある。宣長は使用されている漢字を徹底して表記手段とみなし、漢字表記テキストから口誦的言語の古型を見出すように読んでいった。この『古事記』の漢字テキストの解読の方法を「漢意批判」というのである。いまこの漢字表記の古文献に「漢意批判」という方法意識をもって対した宣長が古の代の人の世界をその言語を軸にしてどうとらえているかを見ておこう。

「抑意《こころ》と事と言《ことば》とは、みな相称《かな》へる物にして、上ッ代は、意も事も言も上ッ代、後ノ代は、意も事も言も後ノ代、漢国《からくに》は、意も事も言も漢国なるを、書紀は、後ノ代の意をもて、上ッ代の事を記し、漢国の言を以テ、皇国の意を記されたる故に、あひかなはざること多かるを、此記は、いささかもさ

かしらを加へずて、古へより云ヒ伝へたるままに記されたれば、その意も事も言も相称《かなひ》て皆上ッ代の実《まこと》なり。」（古事記伝一之巻）

宣長はここで人の思い〈意〉も人の行い〈事〉も人の話し言葉〈言〉も相即した一つの共同的世界を前提にして語っている。この国の人ならこう考え、こう行い、こう話すはずだという整合性である。この整合性はその場所だけではなく、その時代を含めていえるはずだと宣長はいう。古のこの国の人の〈意〉と〈事〉と〈言〉との間には整合性があるというこの考えにしたがって宣長は漢字表記の『古事記』からわが古の代の人の〈言〉と〈事〉と〈意〉とを読み出していったのである。それを可能にしたのは『古事記』が「いささかもさかしらを加へずて、古へより云ヒ伝へたるままに記されたれば、その意も事も言も相称《かなひ》て皆上ッ代の実《まこと》」であるようなテキストであったからだというのである。宣長は『古事記』の古伝承の背後に「其の意も事も言も相称て皆上ッ代の実」であるような〈やまと〉の古人たちの共同世界の存在を読んでいるのである。

宣長の『古事記伝』は18世紀のアジアの漢字文化的世界における日本の古代以来の自立的な存在証明のごとき意味をになっている。そこからすれば「漢意批判」とは古代日本の自立的な存立を証明するための方法的手続きだということができる。

「１９７０年代日本と宣長の読み出し」をタイトルとする本章は、１９７０年代に共産主義中国を隣国とする日本で宣長とともに日本が再び読み直されることをいってきた。だが日本は読み直されたのか。吉川は宣長の「漢意批判」にしたがいながら「総括的言語」に対する「個別的言語」概念を構成し、「個別的言語」の国日本を読み出していくのである。その「個別的言語」の国日本とは「いささかもさかしらを加へずて、古ヘより云ヒ伝ヘたるままに記されたれば、その意も事も言も相称《かなひ》て、皆上ッ代の実なり」とされる『古事記』をもつ国日本である。それは18世紀の松坂の人本居宣長によって再発見された『古事記』をもつ国日本である。吉川は宣長による『古事記』をもつ国日本の発見の跡をあの言語概念をもって辿り直しているかのようである。

第三章

絶対的保守主義としての天皇の道

「千万御世の御末の御代まで、天皇命《すめらみこと》はしも、大御神の御子とましまして、天つ神の御心を大御心として、神代も今もへだてなく、神ながら安国と、平けく所知看《しろしめ》しける大御国になもありければ、古への大御世には、道といふ言挙《ことあげ》もさらになかりき。物のことわりあるべきすべ、万《よろず》の教えごとをしも、何の道くれの道ということは、異国《あだしくに》のさだなり。」（本居宣長『直毘霊』）

1　戦後日本の宣長再評価

１９６０年とはたしかに戦後日本の転換点であった。政治的にも、経済的にも、思想的にも、学問的にも。日本ナショナリズムの記念碑的国学者として戦後的批判の中にあった本居宣長もまた60年代に再評価されていった。小林秀雄や吉川幸次郎によって宣長の『古事記伝』の注釈学的作業が高く評価されていったのもこの時期であった。宣長は〈わが古《いにしえ》〉の比類ない注釈学者として再発見され、再評価されたのである。「古言」とは「古事」であり、「古事」からなる〈わが古《いにしえ》の世も道〉も「古言」によってのみ明らかにされるという宣長の注釈学が、〈わが古《いにしえ》〉の再発見の道を彼らに提示したのである。小林秀雄にとって『古事記』は宣長による古言の注釈学的作業とともに追体験すべき古《いにし》え人の事と心の世界となった。西郷信綱が宣長の注釈学に「古の事と物に至る道」を見出しながら、彼自身による『古事記』注釈作業を始めたのもこの時期であった。西郷は若い文化人類学者山口昌男らとの学的交流を通して『古事記』テキストから古代国家における祭祀体系の神話化的言説構成を読み解こうとしていた。小林の遺書ともいうべき大著『本居宣長』が出たのは昭和52年（１９７７）であった。これは戦後日本における宣長の復活を刻する事件であった。この『本居宣長』を構成する文章は昭和40年（１９６５）5月から昭和51年（１９７６）12月までの雑誌『新潮』に連載されたものである。また吉川幸次郎の「本居宣長の思想」が書かれたのは昭和43年（１９６８）12月から翌年の1月にかけての時期であると自ら記している。[1] 西郷の『古事記注釈』の第1巻が刊行されたのが昭和50年（１９７５）であり、最終の第4巻の刊行をもってその作業が完結したのは昭和の最後の年、すなわち64年（１９８９）である。ちなみに私が最初の著作『宣長と篤胤の世界』[2]を書いたのもこの時期であり、それが刊行されたのも小林の大著と同じ昭和52年である。私もまた宣長の思想世界を「注釈学的思想の世界」ととらえ、『古事記伝』の思想的意味を読み出そうとしていた。戦後60年代に始まる宣長の学問的評価の転換は、戦後の所謂〈イデオロギー批判〉としての国学批判の不毛さを衝きながら、『古事記伝』における宣長の思想世界を「注釈学的思想世界」として再構成し、それに高い評価を与えていくような転換であった。

だが宣長『古事記伝』をめぐるこの評価の転換は、『古事記伝』からその神道イデオロギー的序文『直毘霊《なおびのみたま》』をはずしてしまうことであった。かくて『古事記伝』という〈わが古言〉の注釈学はイデオロギー性をもたない〈わが古言〉による〈わが古《いにしえ》〉の認識の方法となり、それとともに『古事記』もまた〈わが古言〉からなる非政治的な言語的テキストとなったのである。では『直毘霊』とは何か。宣長『古事記伝』の問い直しも、そこから始めねばならない。

2　『直毘霊』とは何か

宣長の『古事記伝』の序論にあたる「一之巻」には『直毘霊』という文章が付せられている。この「一之巻」は「古記典等総論」から始まって「文体の事」「仮字《かな》の事」そして「訓法の事」など、『古事記』の成立やそのテキストの問題、そして注釈の方法などの問題を論じた序論的な文章でもって構成されている。その「一之巻」は巻末に「此の篇は、道ということの論《あげつら》いなり」という副題をもった『直毘霊』を載せているのである。

宣長の『直毘霊』とは、「道ということの論《あげつら》いなり」と副題にいうように、「道」をめぐる論争書である。「論い」とは言挙げして事の正否を争うことである。「言挙げ」とは、ことさらに言い立てることである。宣長は漢《から》の学者たちの言挙げの風を非難するが、その宣長自身が論争する学者であったのである。彼にはいくつもの論争・論駁の文章がある。宣長は論争を通して自分の考えを展開させていった学者でもあった。宣長をただ精緻な注釈学者、〈物のあはれ〉を解する文学者としてだけ認めるものは、口汚い言葉をもって激しく論駁する宣長を知って当惑するだろう。しかしその両方が宣長なのだ。『古事記伝』という注釈書は『直毘霊』という論争書を序文としてもっているのである。

では『直毘霊』が「道ということの論い」だというが、その論争はどのように展開されるのか。『直毘霊』は、わが国は天照大御神に由来し、代々その御子に継承される皇位を継ぐ天皇によって統治される国と定まっているゆえ道々しい議論が起こったり、それを必要とする理由はないという。

「千万御世の御末の御代まで、天皇命《すめらみこと》はしも、大御神の御子とましまして、天つ神の御心を大御心として、神代も今もへだてなく、神ながら安国と、平けく所知看《しろしめ》しける大御国になもありければ、古《いにしへ》の大御世には、道といふ言挙もさらになかりき。」

この皇統の連続性をめぐっていう宣長の言葉は重要である。天照大神御に由来する皇統の連続性は、絶対的保守主義ともいうべき日本の国家原則であって、これに代わる国家原則をめぐる議論が日本に生じることはないというのである。２０１９年に行われた現天皇への践祚の儀式を見れば、この21世紀日本においてもあの天皇制国家の原則はなお不動のものとしてあることを知る。宣長は道々しい言挙げのない絶対的保守主義というべきわが国風にたちながら、「物のことわりあるべきすべ、万の教えごとをしも、何の道くれの道といふことは、異国のさだなり」というのである。いま宣長は天照大神御に由来する皇統の連続性に立った絶対的保守主義というべき神国日本の国家原則（神の道）に対するものとして、制度・規範の制作者たる聖人を前提にした儒家的規範主義を「異国のさだ」として否定的・排外的に記述していくのである。「異国《あだしくに》」とはただ他国をいうのではなく、自国と異別される〈異様の国〉をいうのである。

3　「異国のさだ」

『直毘霊』において宣長が〈儒家聖人の国〉として仰ぎ見られてきた〈漢《から》〉をいかに「異国」として価値転倒的に口汚くその〈聖人の道〉のありようを記述していくかを見て頂きたい。ここには『直毘霊』の原文を現代語に訳して引いている。[3] また文中の小見出しも筆者による。

異国の聖人とは

「物事の理《ことわ》り[4]や為すべき筋道、さまざまな教えごとをこの道あの道と、いちいち道々しくいうのは異国《あだしくに》のさだである。

　異国は、天照大御神の御国でないゆえに、定まった主はなく、荒ぶる神たちがところかまわず騒ぎ立てるので、人心も悪くなり、世の習わしも乱れてしまい、卑賤のものが国を奪い取って、たちまち君主ともなる国である。それゆえ上のものは、下のものにその地位を奪われないように構えをし、下のものは、上のものの隙をとらえてその地位を奪おうと謀《はか》りごとをして、上と下とが相互に敵となりあって、古えより治まることのない国である。そのなかでも威力あり、智恵をもち、人民を手なずけて、人の国を奪い取り、あるいは自国を奪われまいとする謀りごとばかりをして、しばらく国を治めて、後の世の模範ともなった者を、唐土《もろこし》では聖人というのである。例えば乱世には、引き続く戦争から自ずから多くの名将が生まれてくるように、風俗は悪く、治まり難い国を、強いて治めようとすることから、代々その治術をさまざまに思いめぐらし、治め方をも身につけた賢い人びとも生まれてくるのである。聖人とはこのような者であるのに、神のように特別な、不思議な働きをする徳を自ずから備えたものと思うのは、間違いである。

聖人の作る道

　さてその聖人どもによって作り出され、制定されていったものを道というのである。▼5　それゆえ漢《から》における道というものの主旨を尋ねてみれば、それはただ人の国を奪うための方策と、人に国を奪われないための構えの二つに過ぎないことが分かる。そもそも人の国を奪い取るためには、万事に心を砕き、身を苦しめながら善いことのかぎりを尽くして人を手なずけるゆえ、聖人とはまことの善人に見え、その聖人が作り整えた道も立派で、不足なく、めでたいように見える。けれども、その聖人自身がもともと道に背いて主君を滅ぼし、その国を奪った張本人なのであるから、みな偽りであって、聖人が善い人であるはずはなく、きわめ付けの悪人である。

もともと聖人の穢い心から作られた、人を欺くための道であるゆえか、後世の人びとも上辺《うわべ》だけは尊重する風を見せながら、実際にはだれ一人として守ろうと努めるものもない。こうして聖人の道は国の助けになることもなく、その虚名のみ広がり、世に行われることもなくて、ただ徒に相手を誹《そし》り合う儒者たちのさえずり種《ぐさ》になってしまったのである。ところが儒者たちはただ六経▼6などという書物だけによって、彼の聖人の国こそ道の正しい国であるなどと声高くいったりするのは、大間違いである。

このように道を作り出して、それで正そうとするのは、もともと道が正しくないからする作為の業《わざ》であるのに、かえってそれを聖人の卓越した業とするのは馬鹿げている。そもそも後世にこの聖人の道をそのままに行ったという人でも居ればまだしも、そのような者は一人とていないことは、彼の国の代々の歴史書を見れば明らかである。」

4　徂徠と宣長

宣長による儒教的国風からなる漢の風を「異国のさだ」として否定的に記述することの中に荻生徂

徠の古学の悪用というか、その否定的な受容があることはすでに前章の注中でいった。徂徠蘐園派の古学と詩文の風は18世紀徳川日本の文化世界を支配するかのごとくであった。若き宣長も京都で堀景山の下で儒学を学び、その景山を介して徂徠とその古学を知ることになる。徂徠における『六経』の古学なくして宣長における『古事記』の古学はないということができる。その影響は古言による古事の解明という古学の方法だけではない。『弁道』『弁名』という徂徠による既成儒学概念の解体とその古学的再構成はきわめてあくどい形で宣長に学ばれていく。代表的には「聖人」概念である。徂徠は「聖人」とは「制作者」であるという。

「聖とは作者の称なり。楽記に曰く、作る者これを聖と謂い、述べる者これを明と謂うと。表記に曰く、後世作者有りといえども、虞帝には及ぶべからざるのみと。古えの天子は、聡明叡智の徳有りて、天地の道に通じ、人物の性を尽くし、制作する所あり、功は神明に侔《ひと》し。利用厚生の道、ここにおいてか立ちて、万世その徳を被らざることなし。」（『弁名』「聖」第一則▼7）

徂徠は「聖人」を人間の祭祀的・社会制度的・文化的体系の「制作者」だとする。この聖人概念の革新から、新たな社会哲学的儒学としての徂徠学の展開もあるわけだが、宣長はこの徂徠による聖人概念の革新から強い権力意志をもった制作者＝聖人による詐術的支配からなる社会を〈漢〉に想定していくのである。すでに引いた『直毘霊』の「聖人批判」の言葉をもう一度ここに引いておこう。

「その聖人どもによって作り出され、制定されていったものを道というのである。それゆえ漢《から》における道というものの主旨を尋ねてみれば、それはただ人の国を奪うための方策と、人に国を奪われないための構えの二つに過ぎないことが分かる。」

徂徠のこの「聖人」概念の革新を含む『弁名』の草稿ができたのは享保2年（1717）に近い時期だとされる。[8] 一方、宣長の『直毘霊』が成ったのは明和8年（1771）である。徳川日本18世紀のほぼ五十年の間に〈漢〉の聖人像は権力簒奪者像に塗り替えられるのである。

5　徳川日本18世紀と〈漢〉像の変容

日本は15世紀末からほぼ百年にわたる戦国時代という長期の内乱の時期を経過して17世紀初頭から徳川幕府による安定的な統治の時代に入る。欧米の日本研究者たちは1868年の明治維新にいたるこの時代の日本を「徳川日本」と呼んでいる。この呼び方は「近代日本」に先立って存在したもう一つの統一国家日本を指すものとして相応しいと私は思っている。ところで「徳川日本」と呼びうる日本が為政者の政治的自覚とともに成立してくるのはいわゆる「享保の改革」を遂行した八代将軍徳川吉宗の時代だと思われる。[9] 吉宗の改革は法制・財政・行政・文化からイデオロギーに及ぶ体制の全的変革をめざしたものであった。徂徠は吉宗が将軍職に就いてほぼ十年を経た時期、享保13年（1628）に世を去るが、彼の「聖人＝制作者」観は吉宗に体現されていったと見ることはできる。

では徂徠の「聖人＝制作者」観から権力意志をもった政権簒奪者を読み出していった宣長はその聖

人に非ざる天皇の国日本の道（国家原則）をどのように考えるのか。『直毘霊』の冒頭で宣長は私が絶対的保守主義と呼ぶ皇統の連続性を体現する天皇像を導き出している。

「千万御世の御末の御代まで、天皇命《すめらみこと》はしも、大御神の御子とましまして、天つ神の御心を大御心として、神代も今もへだてなく、神ながら安国と、平けく所知看《しろしめ》しける大御国になもありければ、古への大御世には、道といふ言挙もさらになかりき。」

この神祖に由来する天皇位の継承、あるいは皇統の連続性だけに御国の優越性を見るような天皇観、私が〈絶対的な保守主義〉と呼ぶ天皇観は18世紀後期・徳川日本の伊勢松坂の国学者によっていい出されるのである。ただ天皇位の連続的継承だけにこの国の絶対的な優越性を見る天皇観の言説的な構成の由来をわれわれは尋ねることはできるが、しかしなぜこの時期に、この宣長に成立したのか。だが私にはこの天皇観の成立の由来をめぐる思想史的な追求をここでする余裕はない。ただ18世紀後期・徳川日本の世界史的な環境について触れておきたい。中国における明の滅亡と清の成立は徳川日本の成立とその時期を同じくしている。大国明の衰亡と異民族王朝清の成立は徳川日本を構成する多くの人士にとって自国の存立基底にかかわることとして認識されていたはずである。宣長における「異国」としての〈漢〉像の否定的変容と絶対的保守主義としての天皇国家の優越的主張とは深くかかわることである。中国における明の衰亡と異民族王朝清の成立という大きな政治変動は宣長の絶対的保守主義的な天皇国家の優越的主張をもたらすと考えたい。それとともにこの主張にはやがてアジアに起きる民族主義的国家日本の西欧への対抗的形成への早い反応としても見ることができる。

6　絶対的保守主義的天皇制

近代日本の帝国憲法はその第一条に「大日本帝国ハ万世一系ノ天皇之ヲ統治ス」といい、第三条は「天皇ハ神聖ニシテ侵スベカラズ」というが、この天皇の尊厳性は絶対的保守主義的な天祖神に由来する皇統の連続性にある。そしてこの天皇の神聖性を否定した戦後の日本国憲法は第一条に「天皇は、日本国の象徴であり日本国民の統合の象徴であって、この地位は、主権の存する日本国民の総意に基く」という。この天皇は「万世一系」という修飾語をもたないが、神聖な皇統の継承者であることは暗黙の前提である。しかも皇統の連続性を担う天皇が「国民の統合の象徴」となることによって、国民の統合性は常に絶対的な保守主義的な性格をもって維持されることになる。国家国民の揺るぎない統合性はなお神聖な皇統の継承者である「象徴天皇」によって維持されるのである。このように見てくると、『直毘霊』の絶対保守主義的天皇観は21世紀日本においてもなお維持されているのである。

国民の分裂を招きかねない政治的不安定のなかで、国民統合の象徴である天皇の存在意義があらためて再確認されたりする昨今、われわれはあらためて宣長の絶対保守主義的天皇観の成立が省みられねばならない。それは決して神国日本の不変の国家原則ではない。それは大国中国を権力簒奪者による国家すなわち「異国《あだしくに》」と価値貶下する宣長によって18世紀アジア世界の日本で〈神世〉より呼び出された理念的構成物である。

第二部　天皇はいかに語り始められたか

第四章　天皇はいかに語り始められたか・その一――権門体制の解体と近世社会の成立

「されば聖人の道は、国を治めむために作りて、かへりて国を乱すたねともなる物ぞ。すべて何わざも、大らかにして事足《たり》ぬることは、さてあるこそよけれ、故《かれ》皇国の古《へ》は、さる言痛《こちた》き教も何もなかりしかど、下が下までみだるゝことなく、天ノ下は穏《おだひ》に治まりて、天津日嗣いや遠長に伝はり来坐り」（『直毘霊』）というような天皇をめぐる言説はどうして18世紀の江戸社会で、松坂の医師でもある和学者本居宣長によって語り出されたのか。

1　「応仁の乱」

津田左右吉の『我が国民思想の研究』の「武士文学の時代」で「中期」とされる時代とは「北朝の

応安時代から文明頃までの百三、四十年間」とみずから規定している。[1] それは足利幕府の最盛期から応仁の乱にいたる時代、南北朝の内乱を経て室町幕府による支配体制が確立した時期から応仁の乱を経て、やがて戦国時代に入ろうとする時期までである。政治的体制史としていえば守護在京制の確立からその解体にいたる過程である。守護在京制について呉座勇一は『応仁の乱』[2] でこう説明している。呉座の著書『応仁の乱』についていては本論の鍵をなす文献としてすぐにとりあげる。

「成立当初の室町幕府は諸将の反乱に悩まされた。南北朝の内乱が落ち着いてくると、幕府は地方で戦っていた諸将に上洛を命じ、原則的に在京を義務づけた。彼らの動きを監視・統制しようとしたのである。その一方で、複数国の守護を兼ねる有力諸将には「大名《たいめい》」として幕府の意思決定に参加することを認めた。これを守護在京制という。」

この在京の守護大名たちは応仁の乱を経てそれぞれ京都を離れ、自分の領国に戻り、やがて覇権をかけて戦い合う戦国大名になっていく。ところで足利幕府は義満の時代に最盛期、あるいは権力的に最強の時期を迎える。その時義満は天皇の朝廷的権力に皮一枚残してその殆どを手中にしてしまう。天皇に皮一枚残されたものとは天下支配の正統的権威というべきものである。それは体制的な敵を「朝敵」として明示し、その追討に体制的正当性を与える「綸旨」として具現化される。この皮一枚残された天皇の正統的権威という権力が応仁の乱や戦国から天下一統にいたる内乱において、そして幕末から明治国家成立にいたる内乱において重要な政治的意味をもつことになるのである。[3]

このような室町幕府という武家権力の支配体制の確立のあり方を見ると、武家権力が権門体制（公家・寺社・武家からなる朝廷的支配体制）に代わる武家的支配体制を確立したというわけではなく、権門体制内における将軍（武家）的ヘゲモニーの確立というべきものだとみなされる。室町幕府という武家権力がその内部から侵食していった権門体制と称される政治体制は応仁の乱という体制内の大乱を経てやっと解体されていくのである。

中公新書『応仁の乱』を直接手にして読み始めたのは刊行の翌年のことだが、私の購入した書の奥付には2017年3月5日十三版とある。初版は16年10月25日だから、僅か四ヵ月で十三刷を重ねたことになる。これは信じられない数字である。この謎を解く答えを「応仁の乱」を主題とする本書自体がもっているとは考えにくい。ここにあるのは15世紀日本の畿内を中心とした争乱、やがて応仁の大乱にいたる過程なのだ。興福寺別当・大乗院門跡経覚《きょうがく》の日記『経覚私要抄』と同じく大乗院門跡であった尋尊《じんそん》の日記を収める『大乗院雑事記《ぞうじき》』の記録を存分に使いながらなされる本書の記述は、室町の半世紀をこえる争乱のドキュメンタリーであるのだ。

「応永十一年（一四〇四）七月、一乗院方国民で長川党の箸尾為妙が筒井順覚を攻撃した。幕府は両者に停戦を命じるにあたって興福寺別当の大乗院孝円に協力を要請したが、孝円は『一乗院の問題なので』と難色を示した。」

ここから始まるほぼ一世紀にわたる争乱のドキュメンタリー風な記述を読むべき法を私は知らない。

まさにドキュメンタリーを見るようにして、終わりに向かって私はひたすら頁を繰っていっただけである。恐らくこの書の著者もまたうち続き、錯綜する争乱を脈絡付け、時代的な意味づけを与えるなどということは一切していない。恐らく著者は争乱の時代というべき15世紀後期日本の争乱の総体を具さに、これでもか、これでもかというように読者の眼前に展開させてみせたのである。

　たまたまこれを書きながら見た朝日新聞（17年4月6日）には「続々重版31万部」として『応仁の乱』の広告が載っている。そのコピーにこういっている。「方針に一貫性を欠く将軍《トップ》と、言うことを聞かない諸大名《部下たち》による収拾不能の大抗争——これが英雄なき時代の『リアル』だ！」これはさすがに三十一万部を刷った出版社の作るコピーである。これを見れば作者も、読者も「オレが書き、オレが読んだのはこういうことだったのか」と思うに違いない。だがこれはよくできた後知恵的なコピーだ。人はただここにすさまじい争乱の連続を見るだけだ。そしてこのすさまじい争乱の連続は必ずや体制的な転換をもたらすにちがいないと思わせるのである。まさしくこの書が序文に引く内藤湖南の「応仁の乱」をめぐる発言が再考されねばならないことを人は知るのである。湖南は「応仁の乱というものは全く日本を新しくしてしまったのであります。近頃改造という言葉が流行りますが、応仁の乱ほど大きな改造はありませぬ[4]」というのである。

　呉座勇一の『応仁の乱』という書のメリットは湖南の「応仁の乱」論を21世紀のわれわれの問題として甦らせたことにあるといってしまっては著者に酷であるかもしれない。だが呉座の『応仁の乱』

がなければ湖南の論を読み直すことなどしなかったかもしれないのだ。湖南に移る前に呉座が『応仁の乱』をどう終えているかを見ておきたい。この書の終章「応仁の乱が残したもの」は、私にとってはこの書のもっとも重要な章である。呉座は守護在京制の解体として乱後をとらえている。「特筆されるのは、乱後ほとんどの大名が京都を離れ、在国するようになったことである。これは、大名による分国支配を保証するものが幕府による守護補任ではなく、大名の実力そのものになったからである。」守護在京制の解体とは、ただ守護在国制に転換したことを意味するのではない。守護はいまやその実力によって領国支配を成立させる大名に変身していったのである。守護在国制への転換とは守護大名の時代から戦国大名の時代への転換である。呉座はこの転換をこう書いている。

「室町幕府は将軍をリーダーとして推戴した諸大名の一揆である、という評価がある。嘉吉の変後の政治状況は諸大名の一揆を二分し、二大陣営の対立が応仁の乱を生んだ。だが皮肉なことに、応仁の乱の原因であり、また主体でもある二つの大名集団は、終戦と共にいずれも解体した。そして、従来の幕府政治では日陰者だった守護代層や遠国の守護が、戦国大名として歴史の表舞台に登場してくる。既存の京都中心主義的な政治秩序は大きな転換を迫られ、地方の時代が始まるのである。」

私はこの京都から地方への政治体制の転換をいう言葉から一つの体制の終焉を見る。応仁・文明の大乱とは体制の転換というよりは、京都中心的な権門体制という政治的であり、同時に文化的でもある既存日本の体制の終わりをもたらすものであったのではないか。呉座は15世紀の中期以降、地方都市が整備され、「小京都」と呼ばれるような都市が生まれることをいいながら、「地方における『小京都』の林立と京都の荒廃は、表裏一体の事態として進行したのである」といっている。応仁の乱とは京都的体制というべき既存日本の権門体制の終焉をもたらす大乱であった。

2　内藤湖南と「応仁の乱」

「大体今日の日本を知る為に日本の歴史を研究するには、古代の歴史を研究する必要は殆どありませぬ。応仁の乱以後の歴史を知って居ったらそれで沢山です。それ以前の事は外国の歴史と同じ位にしか感ぜられませぬが、応仁の乱以後は我々の真の身体骨肉に直接触れた歴史であって、これを本当に知って居れば、それで日本歴史は十分だと言っていいのであります。[5]」

これは呉座の著書によって初めて知った湖南の「応仁の乱に就て」という文章中の一節である。非常に衝撃的な発言であるけれども、私は湖南にこのような発言があることを知らなかった。私は大阪の懐徳堂と京大シナ学との関係から湖南を比較的によく知るものだが、彼の１９２１年の講演記録「応仁の乱に就て」を見ることを私はしなかった。この湖南の言葉が私の周辺で話題になるということもなかった。それは「応仁の乱」自体が関心を向けねばならないような問題ではなかったからである。だが一度「応仁の乱」が問題として構成されると、さまざまな著書や発言が必然的であるかのように関連性をもってあらわれてくる。

湖南はここで大変なことをいっている。応仁の乱は日本の歴史を一変させるような大乱であって、この乱以後の歴史こそが「我々の真の身体骨肉に直接触れた歴史」であるといっているのである。われわれの近代に直接するような歴史は応仁の乱を経由して始まるというのである。この湖南の発言は私がいま宣長の天皇論をめぐって考えていることに直接かかわるような大きな問題を内包している。湖南は日本の歴史を大きく一変させた大事件として応仁の大乱をとらえている。そしてこの大乱を経由することで転換された歴史こそが近代のわれわれに直接するものだといっているのである。とすれば彼は「明治維新」よりも「応仁の乱」に近代のわれわれにとって重要な歴史的変革としての意味を見ていることになる。湖南は日本の近代への歴史的変化は応仁の大乱を経由して始まるとしていることになるのだ。しかも「大体今日の日本を知る為に日本の歴史を研究するには、古代の歴史を研究する必要は殆どありませぬ」といった湖南の言葉つきにわれわれは、復古主義的革命としての明治維新と明治権力がになう古代主義的、王朝主義的歴史観とそれに追随する歴史研究に対する軽蔑的口調をも見ることができるだろう。

日本の歴史を一変させるような事件的大乱として「応仁の乱」を見ることは、「明治維新」を歴史変革的事件として相対化することを意味している。「明治維新」を近代国家日本の出発点として絶対化することに対して、これを相対化し、これに低い評価を与えるような見方は、だれに、どのような形であったのだろうか。「応仁の乱」をめぐる湖南の発言を見れば、湖南とは「明治維新」を相対化し、それに決して高い評価を与えることなく、「もう一つの近代」を見ることのできた史家の一人ではなかったかと思われるのである。そしてわれわれにとっての課題としてあり続ける『我が国民思想の研究』の著者津田左右吉もまたその一人ではないかと私は思っている。

3 「近世」概念の再構成

中国の宋以降を中国史における「近世」とするのは、内藤湖南の創見にかかわる時代区分である。彼は中国における「平民の発展時代」を指して「近世」という。だが中国における「平民の発展時代」とは「君主の専制時代」であった。中国的「近世」の特質は「君主専制時代が即ち平民発展時代」であったところにあると湖南はいう。

「それで貴族時代（六朝から唐あたりまでが貴族全盛期・子安注）が崩れて、そうして君主も貴族から解放されます。平民も貴族から解放される。丁度平民が解放された時代が即ち君主も解放されて、そうして君主が政権を専有しておりましたが、それに支配されるものは平民で、その間の貴族という階級が取れましたから、それで君主専制時代が即ち平民発展時代になります。[6]」

湖南は「平民の発展」を重要なメルクマールとして中国における「近世」をいうのである。この中国史的「近世」を湖南はしばしば「近代」といったりしていることからすれば、彼が「近世」とする歴史の始まりこそが、現代のわれわれに直接していく歴史の始まりだとしているのであろう。この湖南の中国「近世」論が彼の「応仁の乱」論の前提をなすものである。

湖南の「応仁の乱」論はこれを歴史の劃期として見ることの重要性をいうものであって、その変換の特質、何が終わり、何が始まったのかを印象批評以上に明らかにするものではない。ただこの転換が湖南のいう「近世（近代）」への時代の転換であることをこの論の「終わり」がのべている。

「兎に角応仁時代というものは、今日過ぎ去ったあとから見ると、そういう風ないろいろの重大な関係を日本全体の上に及ぼし、殊に平民実力の興起において最も肝腎な時代で、平民の方からは最も謳歌すべき時代であると言っていいのであります。

それと同時に日本の帝室と言うような日本を統一すべき原動力から言っても、大変価値のある時代であったという事は之を明言して妨げなかろうと思います。まあ他流試合でありますからこれ位の所で御免を蒙っておきます。」

ここで「他流試合」といっているのは、シナ学者湖南による日本史学上の問題への介入的発言をいっている。だが既成の学問的見地を揺るがすような問題提起は「他流試合」を挑むような外部的介入者によってしかなされない。明らかに湖南は中国史的「近世」概念を日本史に投げ入れているのである。「平民の発展」というメルクマールをもって構成される「近世」概念を投げ入れることによって見せる歴史の新たな相貌を、「他流試合」という湖南の講演がわれわれに垣間見せたのである。その全貌を明らかにするのはわれわれの課題だろうが、それを為遂げたものはまだいない。

しかし18世紀の近世日本における天皇論の出現を考えるものにとってこれらの「応仁の乱」論は大きな示唆を与えてくれる。その第一はこの乱が京都を中心に成立していた権門体制（公家・寺社と武家からなる朝廷的な支配体制）という日本の古代的支配体制の解体を導いたということである。1603年に徳川家康は征夷大将軍に任ぜられて江戸に幕府を開くが、その任命権者である天皇を京都に奉り残して、江戸を統治的中心とした支配体制を確立する。この京都を中心とした古代的支配体制の解体とは同時に朝廷を中心とした文化体制の解体でもあるのだ。

天皇と公家たちの典礼的世界を京都に残して現世の統治的中心を江戸に据えて構成される近世社会は初めて天皇とその朝廷的世界を再発見し、その意義づけの論理を再構築することを知的課題としてくるのである。これを課題とするのは崩壊した権門体制内の学者たちではない。新たに構成される近世社会の構成者たち、武士だけではない平民をも含んだ新たな知識を具えた人びとである。

第五章

天皇はいかに語り始められたか・その二——平民の時代と近世的知識世界の成立

「戦闘の遺風に対する平和の勝利である。政治的権勢に対する人間の力の威嚇である」と江戸徳川政権下の時代を「平民文化の隆盛」の時代として讃える津田左右吉は、この時代を旧体制的な知の枠組みを脱した知識・学問の成立の時代として見ることはしなかった。私はここでは津田の『我が国民思想の研究』にしたがって「平民文化の隆盛」の時代を叙しながら、津田が見ることをしない新たな近世的知識の成立とそれを見ることを妨げている津田における「国民」概念の性格とを明らかにしたいと思っている。

1　平民の時代・平和の勝利

「封建の藩籬、階級の桎梏、政令の圧迫があるに拘わらず、国民は到る処に其の間隙を求め其の弱点を発見して、それに向って力を伸ばそうと試みたのである。戦闘の遺風に対する平和の勝利である。政治的権勢に対する人間の力の威嚇である。要するに武家政治の骨組みを蔽い隠すまでに、其の上に咲き乱れ咲き誇る、平民文化の美しい花の色である。[1]」

これは津田が平民の時代としての近世日本が咲かせたもっとも大きな花、すなわち元禄文化についていう言葉である。「戦闘の遺風に対する平和の勝利である。政治的権勢に対する人間の力の威嚇である」という言葉は、近世武家政権の時代を「平民の時代」とする津田のみが書きうる言葉であるだろう。「平民の時代」とは何か。津田の言葉を追っていこう。

「兎も角も政治的権力と武力との外に社会を動かす力が現われて来たのであるから、其の力を有っているものが武士で無い平民であって、それが政治的秩序に於いては武士の下位に置かれているに拘わらず、社会的地位の上からは決して武士に従属せず、少なくともそれと相並んでいるということは、平和の社会における自然の勢いでもあり、また疑うべからざる事実でもあった。其の上に窮屈な制度で固められている武士とは違って、政治的には殆ど其の存在の認められていないだけ、拘束や抑圧を受けることが少ないので、幕府の固定政策の結果、動もすれば気力の萎縮せんとする世の中に於いて、この社会のみには常に活気が横溢しているのであるから、文化を動かしてゆく力がここから湧いて出るのは自然の勢である。是に於いてか一般の武士も武家貴族も、此の平民の間に発達した文化を享受しなければならぬようになる。徳川時代の武士が武士として何等特殊の文化を創造し得なかったのは、之が為である。」

これは「平民の時代」を解説する言葉ではない。むしろこれは徳川日本を「平民文化の日本」として再構成してしまう津田の熱気をもった言説のあり方を示している。津田のこの熱気をもった「平民の時代」をいう言説は、明治近代日本がその前代として構成していく「前近代的徳川日本」を葬り去るかのようである。この時代の政治的支配者である武士に、武士的文化の形成を断念せしめるほどに平民文化が圧倒的であるならば、「平民の時代」とはすでに「国民の時代」といっていいのではないか。だが津田は「平民の時代」をどれほど圧倒的に語ろうとも、これを「国民の時代」ということはない。「国民」の実質的構成者である「平民」の旺盛な活動力がどれほどいわれようとも、彼らは「平民」であって「国民」ではない。「国民の時代」の到来はその先に待たされているようである。

2　「国民」概念の優越

近世における儒学の興隆やその学問知識の社会的拡大を、津田は平民文芸の興隆と同じ文化現象として見ることをしない。平民文芸の興隆に向けられたあの圧倒的記述を津田は儒学の興隆に向けてすることは全くない。むしろ逆である。全くの否定的言辞をもってしかしないのである。

「当時所謂学問がめざましく興隆して来たが、其の学問というものが概していうと漢籍や古文学や、凡て書籍の上、文字の上の死んだ知識を外から得ることをのみ勉めたのであって、自分自身の実生活から生きた知識を組み立て、日常に経験する事物を観察し研究して其の真相を知ろうとするのではない。特に其の学問の中心となっている儒教思想は社会の統制を重んじて個人の自由な思索と行動とを認めず、情生活の芸術の表現を軽んじ、又た古代シナの特殊の社会状態、特殊の民族性から造り上げられた理想を普遍的のものと考えるのである。[2]」

ここに見る津田の反儒教的言説は近世における儒学・儒教の興隆に向けて、事新しく用意されたものではない。これは大正初年の「神代史」批判や『我が国民思想』の書き始めから津田がもっていたものである。津田が「民族」をいい、「国民」をいうことは、反儒学・反シナ思想とともにである。しかも儒学・シナ思想が「凡て書籍の上、文字の上の死んだ知識」とみなされるとき、儒学・漢学的知識によってなるわが知識社会は、日本という民族《ネイティブ》国家の民としての「国民」の思想・文化の成立を妨げるものとなる。津田は本章冒頭に引いた言葉に続けてこういうのである。

「そういう思想を奉じている知識社会では偏に異国のもの古代のものを尚ぶ傾向がある。従って彼等の社会では現実の生活から生まれ出た生きた文芸、自由な、放縦な、平民的色調を帯びているものを甚だしく軽侮するのである。勿論こういう特殊の知識は国民の実生活とは関係の少ないものであるから、一般社会はそんなものには支配せられず、従って平民文芸は社会的階級の上下を問わず広く世に行われてゆくのであるが、それにしても斯ういう事情があるために、国民の思想が実生活の上に立って深みを加えてゆくことが出来ず、従って（真の生きた知識、生きた学問が出来上がらないと共に）、平民文芸もまた（種々の点に著しい進歩があるに拘わらず）、概して浅薄な、粗野な、或はどこまでも娯楽的に用いられるという、境界を脱することが出来ないのである。」

これは複雑な文章である。その複雑さは、「斯ういう事情があるために」という言葉をもって、「国民の実生活」から遊離した知識・学問をもてはやすわが「知識社会」と、「概して浅薄な、粗野な、或はどこまでも娯楽的に用いられる」境界を脱することのできなかった「平民文芸」とを結びつけ、前者をあたかも「平民文芸」をあくまで平俗な娯楽的レベルに停滞させた要因であるかのようにいうところにある。津田は儒学・漢学的「知識社会」と平俗な娯楽的境界を脱しない「平民文芸」世界とを「斯ういう事情」といいながら因果関係的に結びつけていた。「斯ういう事情」とは、津田の言葉をもっていえば、「国民の思想が実生活の上に立って深みを加えてゆくことが出来」ない事情である。反国民的な儒学・漢学的知識からなる知識社会であるかぎり、近世社会には平民文芸を思想的にも深化せしめ、国民文芸として表現していくような事情にはないというのであろう。

これ以上の言語的説明を阻むような「斯ういう事情」をあえて言語的に解きほぐして分かることは、津田の文章には「国民」が常に優越する概念として存在することである。津田の文章には、それが文字として記されていなくとも、「国民」は主語として存在し、目的語として存在する。「貴族時代」の文学を語る津田の文章に「国民」は存在し、「武士時代」の文章にも、そしていっそう明らかな形で「平民時代」の文章に「国民」は存在する。だが津田は「国民」とは何かを定義したりはしない。

3　「国民」を主語とした歴史

私はさきに津田の反儒家思想をのべながらこういった。「津田が『民族』をいい、『国民』をいうことは、反儒学・反シナ思想とともにである。しかも儒学・シナ思想が『凡て書籍の上、文字の上の死んだ知識』とみなされるとき、儒学・漢学的知識によってなるわが知識社会は、日本という民族《ネイティブ》国家の民としての『国民』の思想・文化の成立を妨げるものとなる」と。これは津田のいう「国民」を歴史的概念として規定したものである。津田の「国民」概念には明治末年から大正初期の、すなわち１９００年代日本の世界史的位置が映されている。

成田龍一は大正デモクラシーを「帝国」のデモクラシーといった。「政府批判とその主体としての『国民』――二〇世紀初頭の日本のデモクラシーは、日露戦争の熱狂性を背景に持ち、『帝国』の構造に規定されたナショナリズムと結合して現れてきている。対内的な姿勢と対外的な要求、政府批判とアジアの人びとへの姿勢に落差を有する『帝国』のデモクラシーであった。▼3」これにならっていえば、津田の「国民」とは、「平民」的志向を強くもちながらも、中国との文明的共存関係を断ち切ってアジアに優越的に自立する「帝国」日本の「国民」であった。

だが津田はこの20世紀日本の歴史概念としての「国民」を日本歴史のあらゆる時代の記述の中に置いていった。「神代史」にも、「貴族時代」にも、「武士時代」にも、「平民時代」にも。津田によるその時代の政治史的、文化史的、思想史的記述の隠れた主語として、目的語として「国民」が置かれていった。そのとき近代の歴史的概念としての「国民」は先験的概念あるいは理念となった。津田がそれによって歴史を批判し、方向づけ、意義づけていくのである。それゆえ、この「国民」概念とともに津田の『我が国民思想』の記述は成立することになるのである。このことはそれぞれの時代が「国民」という主語をもって記述されるのである。「平民の時代」は次のようにその終わりを記述されることになるのである。

「之を要するに。此の時代には鎖国制、封建制、階級制、世襲制、軍国主義の政治、武士本位の社会組織というような人為の規制と、国民が其の生活を高くし豊かにし、又た自由に其の能力を伸長しようとする、人としての自然の欲求との矛盾、戦国の遺習と平和の精神との扞格があって、概していうと、後者が漸次前者を内部から破壊してゆきながら、一方ではなお前者が後者を圧服しているので、其の間の衝突と交譲と争闘と妥協とが、此の時代の文化のすべてを支配する根本の調子である。[4]」

私はこれを写しながら、「絶対精神」の自己実現の運動としてのヘーゲルの「世界史」の一節を写しているような気がした。「応仁の乱」から戦国時代を経て、近世日本の全く新たな登場が期待された。たしかに津田は「平民文化の隆盛」を「戦闘の遺風に対する平和の勝利である。政治的権勢に対する人間の力の威嚇である」といった高い調子の言語をもって歌い上げた。だが「平民の時代」を津田はどれほど称えようとも、歴史を劃して成立するこの「平民の時代」の達成を、ことに学問・知識・思想的達成として見ることはしない。「国民」を主語とし目的語とする津田の歴史記述は、われわれが高い達成を見る近世的知識・学問をこの「国民」の実現へのむしろ阻害者としながら、「其の間の衝突と交譲と争闘と妥協とが、此の時代の文化のすべてを支配する根本の調子で」あったと記述するのである。

私は前に16世紀日本の歴史的転換の意義を内藤湖南の『応仁の乱に就て』によりながら大きな期待をもって読み出した。その実際を津田の『我が国民思想の研究』の「平民の時代」に読もうとした私の試みは失敗した。津田は「平民文化の隆盛」を己れの言葉を尽くして称えようとも、この時代の学術的、思想的な新たな営為もその達成も漢学的契機を含むかぎり見ようとはしない。だが近世江戸時代とは日本の歴史を劃するような新しい学問・知識の成立する時代ではないのか。

4　知識・情報社会の始まり

私は津田の『平民の時代』に失望しながら、此の時代への新たな視点を求めて横田冬彦の『天下泰平』[▼5]を開いてみた。私は開巻冒頭の横田の記述に驚いた。彼は大坂の陣を語った『大坂物語』という仮名草子から書き起こしている。この物語は慶長19年（１６１４）10～12月の大坂冬の陣を詳述してゆく。その戦いの最後は、家康が「総攻め」の主張を抑えて和議を結び、大坂城の堀を埋めたりして冬の陣は終結する。そして「騒がしかりし年も暮れ、慶長廿年にぞなりにける。……いよいよ天下泰平、国土安穏、めでたき事にぞなりにける」という言葉で締めくくられているという。この書は冬の陣の講和から一ヵ月もたたない時期に刊行されたとされている。各武将たちの行動などの情報収集の的確さから、作者は徳川方の庇護を受けたものと推定されている。この徳川方の『大坂物語』に対して、豊臣方の意を汲んで改作を施した海賊版が直ぐに出たという。

私は『天下泰平』の冒頭のこの記述を読んで驚いた。17世紀初頭の徳川幕府による体制的支配にむけての最後の戦いである大坂冬の陣・夏の陣は、情報戦を担いうる作者・出版社・読者からなる出版ジャーナリズムがそれなりに成立している時代環境の中で戦われたということを、私はまるで知らなかった。応仁の乱とそれを引き継ぐ16世紀の戦国の動乱が日本を根柢的に再編成していくものだということは、内藤湖南らに教えられていた。だが根柢的に再編成された社会とはいかなる社会なのか、そもそも近世社会とはいかなる意味で根柢的に再編成されたものであるのか。横田の『天下泰平』の冒頭の記述は、近世社会をめぐる私の疑いに最初の解明の鍵を与えるものであった。

16世紀の戦国的動乱と天下の再編成的統一が商業・手工業や知識の伝達・流通を革新・亢進させていったに違いない。そして社会の内部に知識の共有者とそのネットワークを作り出していったのである。知識は貴族僧侶の専有物から社会における人びとの共有物へと変化していった。横田の『天下泰平』がもう一つ私を驚かせたのは、民間における書物の形による知識の所有が近世社会では広く大きな規模でなされていたことである。

「元文元（享保二十一）年（一七三六）十月のこと、大坂から南東へ約十五キロ、柏原村の三田家から了意川が大坂に向けて下っていった。舟には、大小十五竿の箪笥などに入った八百冊以上の書物が積まれていた。これらの書物は大坂天満にある三田家の菩提寺、妙福寺へ預けられ、その世話で方々の書物屋に見せて入札され、京都の書物屋栗山弥兵衛に箪笥とも一括して銀三百五十匁で買い取られた。」

これは民間における蔵書の実態を知らせる興味ある話である。この蔵書の所有者は三田家の二代目の浄賢とされているが、これらの書籍の購入者は初代の浄久（1608–1688）であったようだ。浄久の父水野庄左衛門は福島正則の家臣であったが、大坂の陣で豊臣方に就いて戦死したという。浄久はその後、母方の姓三田に改め、大阪に出て商人になったという。彼は柏原船を使って肥料商を営み成功したという。彼は家業の傍ら俳諧をよくし、西鶴らとも交わったという。これは17世紀日本の民間における書物・知識の所有者の代表的事例である。横田は三田家から売りに出された蔵書の中身を詳細に伝えている。近世社会における知識の民間化をめぐるこの代表的事例の紹介は、私がかねてからもってきた疑問への解答をも導いてくれた。

5　仁斎と契沖

伊藤仁斎の長子東涯の記す『先府君古学先生行状』に幼少時の仁斎のことがこう記されている。「幼くして深沈にして、常児に異なることあり。甫《はじめ》十一歳のとき師に就いて句読を習う。初めて大学を授かり、治国平天下の章を読みて謂えらく、今の世亦かくの如きの事を知るものありやと。」これは偉大な学的業績を達成した学者先生の幼少期を天才の出現として語る常套のものかもしれない。だが京都堀川で商いをする伊藤七右衛門の長子として生まれた仁斎が十一歳で句読を習い、やがて『大学』の授業を受けるような学習環境をもっていたことをいうこの記述は私にとって驚きであり、想像しにくいことであった。私はかつて『古学先生行状』のこの一節を記しながらこう書いた。「母那倍は連歌師里村玄沖の娘であり、父了室も『四書集注』や『近思録』などを手許に置く教養人であったという。上層の町衆を含めて京都の人びとが具えていた文化的・知的教養の高さが、少年仁斎における知的早熟の前提をなすものだろう[6]」と。私は少年仁斎がもった知的環境とは京都の町衆がもちえた特殊な環境だろうと思っていた。私は一まずはそう理解しながらも、知識世界としての近世社会の始まりは普通に考えられているものとは違うのではないかと思っていた。この問題につながるものとして契沖の場合がある。

私は以前、契沖の『勢語臆断』『万葉代匠記』を見ながら、この真言僧契沖は日本の古典文芸についての知識・理解をどこでどう得たのかを考えたことがある。青年宣長に圧倒的に影響を与えたのは徂徠と契沖であることを知る私は、契沖の日本古典文献理解とその方法の成立事情を知りたいと思った。そこで唯一の契沖伝である久松潜一の『契沖の生涯』[7]を読んだ。だがそこに私が求めていた解答を見出すことはなかった。私が見出したのは契沖の放浪時代の一節だけであった。

「契沖が曼陀羅院の住職となったのは二十三歳であるが、それから数年は在住したらしいから曼陀羅院を去ったのは二十七八歳でもあろうか、而して彼が高野を再び出て和泉の久井へ至る頃は三十歳頃であったと思われる。」この時期から再び大坂に帰って今里の妙法寺の住職になる延宝6年（1678）三十九歳の時期までを、久松は契沖の放浪時代と呼んでいる。しかしこの放浪時代に契沖は旅をし続けたというのではなく、「三十年代を静かなる山里に過ごしたと見ることが出来る。現実の人生にあきはてた彼は隠棲にも等しいように他人の家の一室に静かに書を読み研鑽につとめたのである。」この山里時代は久井時代と伏屋時代とに分けられる。いまここで重要なのは伏屋時代である。

契沖が久井から池田万町の伏屋長左衛門宅に移ったのは延宝2年三十五歳の時である。伏屋長左衛門は万町の豪家で、その邸内は広く、多くの図書を蔵していた。契沖はこの伏屋家で、その蔵書である日本の古典籍を読破したのである。契沖の行実を記す安藤為章は、「日本紀以下国史旧記、専ら倭歌を好み、博く歌書を探る」（『行実』）という。久松は「従来の漢籍仏典の研究から漸く日本の古典の研究に進んだと見ることが出来るのである。晩年に於ける彼の古典研究家としての花々しき成果はこの時に胚胎して居ると言うことが出来るのである」といっている。

私が契沖における日本古典研究の由来をその伝記にたずねて見出すのは、これだけである。すなわち伏屋家の日本の古典籍を含む蔵書に遭遇し、それを読み耽る三年余の時間をもったという事実だけである。私は落胆し、それ以上、契沖の問題を伝記に探ることはしなかった。伏屋家の蔵書との契沖の遭遇が新たな意味をもって考えられてきたのは、近世の知識社会の成立が津田の「平民の時代」とともに考え直されるに至ってである。

ところで契沖が伏屋長左衛門宅に滞在したことには、祖父以来の縁があるという。長左衛門の祖父一安（伏屋飛騨守）は豊臣秀吉の臣であった。父竹麿が泉州池田家を継いで伏屋氏に改めたのだという。一方、契沖の祖父元宜（下川又左衛門）は加藤清正の臣であった。これからすれば豊臣家縁りの二人が、彼らの祖父たちを不遇の境位に追い込んだ徳川政権下の新たな知的なネットワークの中で出会うのである。これは契沖における特殊なケースではない。横田が『天下泰平』で近世蔵書家の実例として挙げた三田家も豊臣方に連なる家であった。このことは徳川による天下統一あるいは徳川幕府の支配体制の確立にいたる軍事的・政治的動乱が武士階層の大量の社会階層的な転移をもたらしながら、民間に新たな知的集積と知的拠点と知的ネットワークを作り出していったことが考えられる。もちろん堺などの交易的商業都市が富と知とを集積していったことも近世の知的世界の成立にとって重要である。さきに挙げた仁斎の先祖は泉州堺の人であった。祖父了慶のとき、「元亀・天正の間、摂泉二州の間大いに乱れ」て京都に移住することになったという。恐らくすでに伊藤家は堺にあって富と知とをそれなりに蓄積していたのであろう。

このように考えてくれば、近世日本の知は16世紀の動乱を通じて、はじめて民間的な知として成立していったことを知るだろう。近世における学問的、知的達成の多くはこの民間的な知と知識人によるものである。近世日本に成立するこの知のあり方を知ることなくして、近世における学問的、知的達成をも見ることはない。宣長の国学もまた京都遊学時（宝暦2年、宣長二十三歳）に堀景山のもとで契沖の古典学を知り、徂徠の古文辞学を知ったことを基盤にしている。伊勢松坂の商人の家に生まれた宣長という好学の青年がその学的志望を達成しえたのは、日本の近世社会がすでにその知と学との達成を可能にする条件を具えていたゆえと考えざるをえない。私は津田の〈国民思想史〉という視角から離れて宣長に成立する天皇論的言説を考えてみたい。

第六章

天皇はいかに語り始められたか・その三——天皇は江戸社会にいかに呼び出されたか

「されば聖人の道は、国を治めむために作りて、かへりて国を乱すたねともなる物ぞ。すべて何わざも、大らかにして事足ぬることは、さてあるこそよけれ、故皇国の古へは、さる言痛《こちた》き教も何もなかりしかど、下が下までみだるゝことなく、天ノ下は穏《おだひ》に治まりて、天津日嗣いや遠長に伝はり来坐り。されば異国の名にならひていはば、是ぞ上もなき優たる大き道にして、実は道あるが故に道てふ言なく、道てふことなけれど、道ありしなりけり。」（本居宣長『直毘霊』[1]）

1　宣長の天皇論と津田の批評

天皇を君主とする日本の国家体制を「天皇制」という言葉でいうとすれば、この天皇制についての、あるいは日本におけるこの天皇の歴史的存在意義についての徳川時代における最初の発言者は本居宣長であるだろう。伊勢松阪の町人の出である国学者になぜこの発言があるのか、宣長における天皇論的言説の由来を訊ねて私は戦国時代を経由した近世社会における知の転換を見、その転換を津田左右吉の大著『文学に現はれたる我が国民思想の研究』の「平民文学の時代」を通じて確認しようとした。たしかに私は応仁の乱とそれに続く戦国時代を通じて日本の国家的権力体制はまさしく体制的な転換を遂げたことと、この転換とともに学問・知識の社会的存在のあり方もまた大きな転換を遂げたことを知った。津田の『我が国民思想の研究』はこの転換とともに到来する「平民文化」の時代を高い賞賛の言葉とともに書き出すが、その賞賛の言葉はこの時代の学問思想に向けられたものでは決してなかった。宣長の国学的言説に向けられた津田の言葉もまたきわめて厳しい。津田はこの時代の学問知識が体制的に〈支那思想〉〈儒教・儒学〉のなお強い影響とその支配的規制の下にあるとしている。宣長における〈国学的〉な自国中心的な知の偏狭の生まれる所以もまたそこにあると津田はいうのである。宣長における〈万世一系〉の天皇制の主張もまた〈反儒教〉〈反支那思想〉に由来するとして次のようにいう。

「皇室が一系なることを極力高調して説いたのも、易姓革命を正当視する特殊の政治学を有っている支那思想の威圧をひどく感じたからであり、日本の外の国家はみな支那の通りだと思ったからである。知識が支那によってのみ供給せられた時代の考としては当然ではあるが、国学というものが儒教を予想しなくては殆ど意味のないものである、ということを閑却してはならぬ。[2]」

津田は江戸国学における儒教による思想的規定性を強く批判する。「国学というものが儒教を予想しなくては殆ど意味のないもの」だという津田の言葉は江戸国学の思想的な自立的存在意義をほとんど否定するかのようである。では「儒教を予想しなくては殆ど意味のない」という国学がその儒教を批判したのは、それが「外国の教であるというところに主たる動機がある」として津田はこういうのである。

「我が国の道は自然の道であって聖人の道は人作だというのも、特殊の徳教の立てられなかった我が国の状態を正当視しようとするためではないか。彼等は無いという事実を正当視しようとし、無いことがよいという理屈を拈出したのである。宣長が支那の古伝を人作としながら我が国のそれを絶対に信用し、彼を不正とし我を正とするのも、我が国だから正しく真実であるという外に理由は無い。『外国は神代の伝えなければこそ真の道を知らずありけれ』というのを見るがよい。」

宣長が「我が神代の道が正しい」ということについて津田は「我が国だから正しく真実であるという外に理由は無い」というのである。これは宣長国学的言説についての根幹的な批判である。津田の宣長国学批判が究極的にここに行き着くものであるかぎり、津田から宣長の国学的天皇論をめぐって聞きうる言葉はないということは当然だといえるだろう。

2　「異国」像の形成

宣長が『古事記』におけるわが「神の道」の正しさを主張することの根拠について津田は「我が国だから正しく真実であるという外に理由は無い」といった。ある古説の正しさの根拠を「わが日本の古説」であることに求めることとは、「わが日本の古説だから常に正しい」というような〈民族主義的な誤謬〉の言説だということができる。すなわち「それが日本に、あるいは日本人に、あるいは日本語に由来するものであるから正しい」という日本的ナショナリズムが陥る誤謬である。もし宣長の言説がそのような誤謬の言説に過ぎないものであるならば、彼の「天皇論」を事新しく見直す必要もないだろう。だが宣長の日本主義的言説の誤謬をいう津田自身が同じく日本主義的民族主義者だとするならば、津田の宣長国学批判をその通りに聞き入れてすますことはできない。

津田は昭和13年（１９３８）11月に創刊された岩波新書（赤版）の一冊として『支那思想と日本』を出版した。私は日中戦争期に出版されたこの新書をめぐって、「津田によるシナとの徹底的な差異化からなる日本の〈自立的知の国民的形成〉というナショナリズムが、中国大陸における戦争に踏み込んでいく昭和日本の現代史のなかで帯びていくものは何かをしかと見る必要がある」と三年前の私の著書[3]に書いた。津田の『支那思想と日本』は戦後１９４７年に「支那」を「シナ」と片仮名表記にし、前書きの一部を改めただけで本文はそのままに『シナ思想と日本』として再版された。したがって「この日本の民族生活の歴史的発展はシナとは無関係に、それとは全く離れて、進行して来たのであって、日本とシナとがそれぞれ別の世界であったということは、このことからも知られる」という〈シナ〉との関係性を切断する〈独自的日本〉をいうナショナリズムは戦中・戦後の津田において堅固に維持されていたことを知るのである。

津田もまた民族主義者であった。彼は〈シナ〉と切り離された〈独自的日本〉の歴史的存立を強く主張する民族主義者であった。その津田が批判的にいっていたように江戸国学は儒学との思想的、学問的な関係性の中に成立する。ことに宣長国学の成立に荻生徂徠の古学が及ぼした影響は大きい。いま徂徠において古文辞学という新たな学問の方法や規則を要請する「聖人の国」中国への認識のスタンスが、徂徠学を経由する宣長において「異国《あだしくに》」という言語を異にし、思惟を異にする異質な否定的な他者像を構成せしめる戦略的なスタンスにいかに転換されるかを見てみよう。[4]

徂徠は古代中国のすぐれた帝王たち（先王）を「道（礼楽）の制作者」だという。「道の制作者」としての先王は聖人でもある。だから「聖人の国」中国とは、かつて聖人の制作になる礼楽を燦然として備えていた国、すなわち中国ということである。その「中国」が、いま宣長において否定的な「異国」へと転換されるのである。それはいかにしてか。徂徠が道の制作者とする聖人を、己れの権力意志にもとづく政治支配の遂行者とすることで、ここに「異国」という異質な否定的な他者像が構成されるのである。道徳的な理念も政治的な法制度も、権力意志を有する聖人の恣意的な作為の産物となるのである。中国にことごとしい教説の体系などがあるのは、むしろ国が治まり難く乱れていることの証拠である。この「異国」を支配している思惟こそが「漢意」という「己が智をもておしはかりごと」し、「道々しきことをのみ云」う心のあり方である。このようにして「異国」という否定的な他者像が宣長の言説上に成立する。では宣長におけるこの「異国」をめぐる言説の成立をどのように考えたらよいのか。

3「異国」―「皇国」観の形成

宣長における「異国」というこの異質な否定的な他者像の成立をどのように考えるかということは、その成立の原因を宣長の精神史のうちに求めよということではない。つまり異質な他者像を押し出すような、何らかか「自己」同一性をなす観念なり、「自己」の像が宣長のうちにすでに存在するものとして、それを遡及的に求めることではない。あの「異国」としての他者像を規定している漢意、すなわち「己が智」をもってする恣意的な作為的な思惟のあり方に対する「自然《おのずから》」といった観念からなる「自己」の像が、すでに早くから形づくられていたと見るのは間違いであるだろう。「自然」といった観念は、むしろあの「異国」という他者像の反照としての観念的な構成物である。「自然」といった観念をもって、しばしば「自己（皇国）」の同一性をとらえようとする言説が、近代においてもくりかえしなされるが、そうした言説自体が、あの「異国」という否定的他者像を前提とする国学的言説の、近代におけるきわめて安直な再生の言説なのである。

問わるべきことなのは18世紀の徳川日本の国学者本居宣長によって中国が「異国《あだしくに》」としてとらえ直され、その反照として日本が神代以来変わらざる「天皇的国家＝皇国」として再発見されたということである。津田は国学者における「神代以来のわが古制ゆえ正しい」という主張を〈民族主義的な誤謬〉のごとくいうが、津田における終世変わることのなかった〈シナ批判〉を見ると、そこにあるのは江戸の創立期民族主義と近代の熟成期民族主義との違いにしか見えない。そして近代の熟成期日本の民族主義者である津田が批判をしながら問うことをしなかったのは、徳川日本の国学者宣長による「天皇的国家＝皇国日本」の発見の意味である。

江戸期の天皇は「後陽成から孝明まで十五人（内女帝一人）を数える。徳川幕府の支配する日本で、その役割としては将軍の権威付け、国家安全の祈禱等の宗教的機能、元号宣下、官位叙任、門跡による諸宗派の統制などがあった」といい、さらに「近世の天皇と公家が構成する朝廷社会は、総体として天皇を主＝家長とする一個の家団体として構成されており、その存立基盤を所領の村と百姓に置く封建領主であるという点では、大名の家と同質であるといえる」[5]と歴史家は説明する。慶長20年（1615）、大阪の陣で豊臣氏が滅び、徳川による天下統一が成る。その年の7月に伏見城に諸大名が集められ「武家諸法度」が申し渡される。それは平時下においても各大名が遵守すべき統制的法規集である。さらに江戸幕府は天皇と公家を規制するための「禁中並公家諸法度」を定め、同じくその年の7月に二条城において前関白二条昭実、将軍秀忠、大御所家康が署名して成立させた。「一、天子諸芸能の事、第一御学問也」で始まるこの「禁中並公家諸法度」は「日本の歴史上初めて、天皇の行為を法的に規定した法度であること、またその法度を制定する主体として将軍権力が成立したものとして評価されている」[6]ものである。

天皇と公家たちからなる朝廷社会は徳川幕府の支配体制下に、その体制的な規制に服する形で存続したのである。にもかかわらずもはや実体をともなわない天皇と公家の朝廷的世界がなお権威をもつかのごとく存続していたのはなぜか。仮相ともいえるその存続なくして後の世紀におけるその復活もないだろう。「征夷大将軍」の任命権者であるだけでその権威の持続はない。天皇の権威とその持続とは何か。

4　幕府はなぜ「公儀」か

江戸時代に幕府は「公儀」と呼ばれていた。その理由として尾藤正英は、「それは『公方』様とよばれる将軍個人とは異なった意味で、幕府の政治機構を指し、それが国家の公権力としての性質を持つことを表現した用語であったと考えられる」といいながら、「公儀」の語をしきりに用いた豊臣秀吉をめぐってきわめて重要な事をわれわれに教えている。[7]「公儀」の語には、「天皇を君主とした国家の公権力という意味が、かなり明瞭に示されているよう」だとしたうえで、「公儀という表現には、その天皇の権威を背景としながらも、実質上には武家の政府であるような権力の主体、しかもその権力の作用が、まさに国家の公権力としての性質を具えているもの、といった意味が含まれていて、それはまさに公儀というやや漠然とした観念でしか表現できないものであったであろう」といっている。織田信長・豊臣秀吉の武家権力による国家統一の方針を継いでこれを実現した徳川将軍と幕府は、その全国統治という政治的権力の行使が真に〈国家的〉であることを証明するためには、天皇のになう伝統的国家的権威をかりて「公儀」をいう必要があったのである。

徳川武家政権あるいは江戸幕府の始まりとは「禁中並公家諸法度」をもって天皇と公家たちの朝廷的行動を法的に規制する武家権力による全国統治の始まりであった。天皇とその周辺の行動はすべて幕府によって制約された。にもかかわらず幕府はその天下統治の正統性の由来を天皇がになう伝統的な連続する国家権威によったのである。

5　天皇の再発見

慶長20年（1615）5月、大阪夏の陣の終結をもって戦争の時代に終止符が打たれた。応仁の乱がおきた1467年から百五十年の歳月がたっている。「室町幕府もほとんどの守護家も滅び、新しい支配層を構成する武士の顔ぶれがすっかり入れ替わった。その多くはかつて村に生活や経済の基盤をもっていたのに、今や都市生活者となって、城廻りの指定地に集住するようになった」と近世という時代を構成する生活空間「町」と「村」とそれぞれを構成する人びとが社会的身分を成し、さらに人びとはそれぞれの身分に固定化され、社会秩序を構成するようになることを池上裕子は江戸幕府の成立をめぐる書▼8の結語でのべている。

「こうして村・町を支配の単位とし、人々をどれか一つの身分に所属させ、身分間の移動を禁じる身分制度ができあがり、下剋上にも終止符が打たれた。将軍絶対優位の、武士身分に政治権力を集中した社会体制が成立した。家康がもっとも心を砕いたのはその体制づくりであった。将軍・幕府のコントロールのもと、武士、天皇・公家、僧侶、百姓、職人・商人、穢多・非人の各身分が身分ごとや共同体・地域ごとの社会・組織をもち、それぞれの役割に専念するという社会秩序が形成された」と、徳川幕府の成立とともに近世的社会秩序の身分制的形成を池上はのべている。ここで支配的身分は「武士、天皇・公家、僧侶」とあり、「天皇・公家」は「武士」の下位に位置づけられている。これは近世日本という支配的統治体系の中心である将軍・幕府から見た社会秩序であり、むしろこの近世社会の身分的体系は、「将軍」の任命者として本来こうした身分的体系を超越した「天皇」を近世的社会秩序の中に露出させているのである。すでにのべたように「将軍・幕府」を「公儀」たらしめているのは、世俗社会から隔絶したまさしく「禁中」をいわれる「天皇」であり、その「天皇」がになう伝統的国家の権威であった。豊臣氏から徳川氏へと移りながら、日本の統治的中心＝武家権力がだれの眼にも確然と存立するようになるにしたがって、その統治的権力を真に国家的権威すなわち「公儀」たらしめる「天皇」という存在があらためて近世社会とその構成者の全体に見出されていったのである。歴史的に国家的権威として先在する「天皇」が、現実の全国的統治権の所有者としての「将軍」の成立とともに再発見されたのである。

6　宣長と「天皇」の語り出し

宣長の著作に『玉くしげ』と『秘本玉くしげ』がある。紀伊・伊勢の領主徳川治貞が天明の飢饉による社会不安に際して治道・経世上の意見を徴した際に宣長が己れの意見をまとめて『玉くしげ』と題して提出した。その書は後に『秘本玉くしげ』として嘉永4年（1851）に出版された。その徳川治貞に提出した書に別巻として付されていた書がそれより早く寛政元年（1789）に『玉くしげ』として出版され、早くから世に流布していた。それゆえ今『玉くしげ』として引くのは徳川治貞に提出した書（『秘本玉くしげ』）に別巻として付されていた「まことの道」の原論ともいうべき書である。ともあれこの書（『玉くしげ』）は徳川将軍家の一角をなす徳川治貞に提出された治道・経世上の意見書（『秘本玉くしげ』）にわが「まことの道」の原論として付されていた書である。宣長はこの『玉くしげ』で当然のことながら徳川家康（東照神御祖命《あずまてるかむみおやのみこと》）の徳を高く称えることを核として論をなしている。家康の勲功はいかに称えられるのか。家康が世の大乱を治め、天下の安定的統一をもたらした功業をめぐって宣長はこういうのである。

「その御勲功御盛徳と申すは、まず第一に朝廷のいたく衰へさせ給へるを、かの二将の跡によりて、猶次第に再興し奉らせ給ひ、いよいよますます御崇敬厚くして、つぎつぎに諸士万民を撫で治めさせたまへる、これなり。此御盛業、自然とまことの道にかなはせ給ひ、天照大御神の大御心にかなはせたまひて、天神地祇も、御加護厚きが故に、かくのごとく御代はめでたく治まれるなり。……政は、かの北条足利などの如くに、大本の朝廷を重んじ奉ることの闕《かけ》ては、たとひいかほどに仁徳を施し、諸士をよくなつけ、万民をよく撫給ひても、みなこれ私のための智術にして、道にかなはず。これ本朝は、異国とは、その根本の大に異なるところなり。[9]」

徳川家康による全国的統一と平和の回復という功業を宣長は何よりも衰退した天皇朝廷の回復において認め、称賛するのである。上に引く『玉くしげ』の文の最後にいう「大本の朝廷を重んじ奉ることの闕ては、たとひいかほどに仁徳を施し、諸士をよくなつけ、万民をよく撫給ひても、みなこれ私のための智術にして、道にかなはず」という宣長の言葉は決定的である。たとえこれが「北条足利」を挙げていっても、その言葉の先に徳川とその幕府があることは明らかだろう。家康の比類なき功業も天皇朝廷の回復なくしては、それはただ「私のための智術」による功業となってしまうと宣長はいうのである。これは天皇の再発見ともいうべき言葉である。全国制覇を達成した徳川武家政権による天下の法制的規制に天皇朝廷も服したその時代に、その武家政権・幕府の行使する権力が「私のための智術」ではなく、真に公的であり国家的でありうるゆえんはその権力の由来が天皇に由来するものであることによってだと宣長はいうのである。

歴史的に国家的権威として先在する「天皇」が、現実の全国的統治権の所有者・行使者としての「将軍」とその幕府の成立とともに再発見されたのである。その再発見者とは17世紀冒頭に成立する徳川武家政権が権力的世界の外部に生み出していった新たな知的世界の学者本居宣長である。徂徠の「六経」の古学を学び、契沖・真淵の「万葉」の古代言語学を学んだ宣長が『古事記』から読み出す「天皇」とは何か。

第三部　今も生きつづける「象徴」的天皇

第七章

徳川日本と宣長天皇論の成立——日本型華夷秩序と天皇制日本

「さて又本朝の皇統はすなはち此世を照しまします、天照大御神の御末にましまして、かの天壌無窮の神勅の如く、万々歳の末の代までも、動かせたまふことなく、天地のあらんかぎり伝はらせ給ふ御事、まづ道の大本なる此の一事、かくのごとく、かの神勅のしるし有りて、現に違はせ給はざるを以て、神代の古伝説の、虚偽ならざるを知るべく、異国の及ぶところにあらざるをもしるべく、格別の子細と申すことをも知るべきなり。」(本居宣長『玉くしげ』)

1 「皇清の大天下」と東アジア

徳川政権による統一日本の国家形成が始められた17世紀とは、東アジアにとっても新しい国際関係あるいは国際秩序の形成期でもあった。それは中国における明清の交代にともなわれた東アジアにおけるそれぞれの国家の存立と国家関係の変容であり転換であった。中国の帝国的権力主体の変容が東アジアの国家関係の変容でもあったのは、満州女真族の出である英雄たちによって清が明に代わって天下の主になったことによる。すなわち「華」の明に代わって「夷」の清によって中国は統一され、史上最大の帝国的版図をも形成するにいたったのである。これを日本の徳川初期の林家の学者は「華夷変態」と称したりした。だが「古来、中国は夷を吸収して華とすることで領域を拡大してきた。もともと華と夷の両者を含む多民族複合国家が中国である。その最終形態が華夷一家の大清王朝なのだから、華と夷、漢と満を区別する理由などどこにもない」▼1 のである。こうして康熙帝・雍正帝の二人の明君によって清朝の支配は盤石となり、乾隆帝（1735―1795）のときに清朝は最盛期を現出し、現代中国の〈中華帝国〉的版図を成すにいたるのである。

清朝は中国本土と満州・藩部（モンゴル・青海・チベット・新疆など）の統一を「皇清の大一統」と呼び、その地を「皇清の中夏」と命名した。この「皇清の中夏」とそれ以外の周辺諸国を包括する「皇清の大天下」が形成されることになるのである。こうして広狭二つの天下が形成されることになる。壇上寛はこの〈二つの天下〉についてこう説いている。

「かつての広狭二つの天下は、清代では広狭二つの中外という概念で示された。狭義には中国本土（中）と満州・藩部地区（外）、また広義には皇清の中夏（中）とそれ以外の外夷（外）を指す。もちろんここでの外夷には藩部の民は含まれない。彼らを除く西方の内陸諸国および東南アジア諸国・朝鮮・日本、あるいはロシアなどが外夷に数えられた。乾隆帝によって名づけられた皇清の中夏とその周縁に広がる外夷、この両者によって成り立つユーラシア東半の世界が、まさしく皇清の大天下に他ならなかった。」▼2

東アジアと東南アジアの諸国すなわち朝鮮・日本・ベトナムはそれぞれの形で「皇清の大天下」に包摂され、あるいはこれを背景にして自国中心の小天下的経営をしていくのである。壇上は「皇清の大天下」と東アジアの朝鮮・日本・ベトナムがそれぞれに関わりながら形成する〈天下観〉を類型化しながらこう説いている。

「朝鮮は自国の天下を隠して大天下に寄り添い小中華にアイデンティティを求めた。それに対し、日本はダブル・スタンダードを放棄して最後には鎖国を断行し、主観的ではあるが日本を中華とする完結した小天下を築き上げた。一方、ベトナムはあくまでもダブル・スタンダードを堅持して、小天下と大天下を使い分けることに国家存立の基礎を置いた。大天下では夷として恭順な態度で中国に接し、小天下では周辺諸国に中華として臨んだのである。」

これは中国の「皇清の大天下」の形成が東アジアの周辺諸国のいかなる対応的な国家展開を導いたかを示す優れた歴史記述である。「大天下」としての中国史はそれ自体東アジアの複数の「小天下」を包括する東アジア世界史であるのだ。壇上による皇清の中国史の記述はよくそれを表現している。

われわれはこの記述を通して近世の徳川日本が東アジア世界に「日本固有の天下」を築き上げたことを知るのである。「鎖国によって中国の大天下から完全に離脱した日本は、周囲に蝦夷、朝鮮、琉球、オランダ（南蛮）などの四夷を配置し、日本固有の天下を築き上げた」のである。歴史家はこれを「日本型華夷秩序」と称している。中国における「皇清の大天下」の成立は東アジアの周辺諸国にナショナリズムを喚起させながらそれぞれに小天下の形成をもたらすのである。

2　皇国日本の成立

私は前に清朝最盛期の乾隆帝の在位期間（1735―1795）を記しながら、この期間はほぼ日本の江戸中期の宣長の生涯（1730―1801）に当たるのではないかと思った。宣長の『古事記伝』は明和元年（1764）宣長三十五歳の時に着手され、三十五年を経た寛政10年（1798）に完成するのであるから、『古事記伝』に代表される宣長国学の形成期は大清帝国の最盛期に当たるといって間違いはない。だがこのことをただかりそめの暗合とみなすだけでよいのか。この両者を結びつける何かがあるのではないか。いま『古事記伝』の序論として書かれた『直毘霊』のよく知られた一節を引きながらこの両者の結びつきを考えてみよう。

「されば聖人の道は、国を治めむために作りて、かへりて国を乱すたねともなる物ぞ。すべて何わざも、大らかにして事足《たり》ぬることは、さてあるこそよけれ、故《かれ》皇国の古へは、さる言痛《こちた》き教も何もなかりしかど、下が下までみだるゝことなく、天ノ下は穏《おだひ》に治まりて、天津日嗣いや遠長に伝はり来坐り。さればかの異国の名にならひていはば、是ぞ上もなき優《すぐれ》たる大き道にして、実は道あるが故に道てふ言《こと》なく、道てふことなけれど、道ありしなりけり。」

聖人を制作者とする漢の聖人の道は常にその失敗から易姓革命を導き国を滅ぼす原因ともなった。それに対してわが皇国の神の道は天祖天照大御神の神意にしたがうまま、煩わしい言葉による教えなどは何も無かったけれども下が下まで乱れることなく天下は穏やかに治まり、天皇の御位は遠く長く伝えられてきたのだというわが皇国の神の道の優越性をいう言説はたしかに宣長の構成するものである。だがこの言説の前提をなす中国における乱世と革命をめぐる〈易姓革命〉の否定性の認識は徳川時代日本の知識層が中国における〈明清の交代〉期を通じて共有していった歴史認識であるだろう。

さきに中国による「皇清の大天下」の形成は東アジアの周辺諸国・諸地域にそれぞれの「華夷秩序」にしたがう「小天下」の形成を促すことをいったが、歴史家は日本的「小天下」あるいは「華夷秩序」の形成についてこういっている。

「日本の場合について考える。近世日本の思想家の多くが、他国に比べて明らかになる日本の美点は、天皇の存在と、他国の侵略を許したことがないこと（武威の国）であると主張し、それら二点を近世の華夷意識の根拠とする。天皇の存続という事実は、中国の政治思想の根幹である革命思想とはまったく相容れない。しかしこの特徴が列島の辺境性にもとづくと考えれば、日本支配層の華夷意識はまさに島嶼型の自意識の端的な表現と言ってよい。[3]」

ここで「島嶼型」というのは田中健夫が東アジア諸国の国際認識の型を「中国型、中国周辺型、島嶼型」[4]の三つに分類したその一つの型をいう。「島嶼型」とは島国ゆえに持ち続けた天皇制国家日本を中心に構成される華夷秩序をいうのである。しかしこの歴史家による17〜18世紀東アジア世界の歴史認識が重要なのは、宣長の『古事記』神話による天皇制的国家日本の絶対的な認識をその時代の東アジア諸国のそれぞれの自己認識を核とした国際認識の中の一つの型として相対化したことである。天皇制的国家としての日本の自己認識自体がこの時期の東アジア世界史の中で日本の知識層がもった認識上の産物だということである。

清朝の最盛期をもたらした乾隆帝と日本の徳川時代中期の国学者宣長との同時代性はただ単なる暗合ではなかった。それは「皇国日本」の自己認識を導くような東アジア世界史の同時代性である。

3　反中国的ナショナリズム

18世紀東アジアにおいて「皇清の大天下」の成立をいうことは、同じ東アジアにおける「皇国日本」の悠久の成立をいう言説をも導くのである。宣長が『古事記伝』の序論『直毘霊』の冒頭でいう言葉を引いておきたい。

「皇《すめら》大御国は、掛まくも可畏《かしこ》き神御祖《かむみおや》天照大神御の、御生坐《みあれ》る大御国にして、大御神、大御手に天つ璽《しるし》を捧持《ささげもた》して、万千秋の長秋に、吾御子のしろしめさむ国なりと、ことよさし賜へりしまにまに、天雲のむかぶすかぎり、谷蟇《たにぐく》のさわたるきはみ、皇御孫命《すめみまのみこと》の大御食国《おおみおすくに》とさだまりて、天下にはあらぶる神もなく、まつろはぬ人もなく、千万御世の御末の御代まで、天皇命はしも、大御神の御子とましまして、天つ神の御心を大御心として、神代も今もへだてなく、神ながら安国と、平けく所知看《しろしめ》しける大御国になもありければ、古へ の大御世には、道といふ言挙《ことあげ》もさらになかりき。」

私が今ここに『直毘霊』冒頭の仰々しい国学的擬古文を挙げたのは、18世紀の徳川日本における天皇的国家日本の立ち上げはこの神話的言語をもってだということを知るためである。神話の内部から手繰り出してくるようなこの言語の虚構性を知るためには、この日本の外部に立つしかない。18世紀日本の外部とは何か。それは「皇清の大天下」が形成されようとする〈東アジアの世界史〉という外部である。この〈東アジアの世界史〉に立ってはじめて徳川日本の立ち位置が明らかにされる。それはすでにいうように〈鎖国日本〉の立ち位置である。日本は「皇清の大天下」への組み入れを拒否しながら日本的華夷秩序による「日本の小天下」を構成するのである。この「小天下日本」こそが「天皇的国家日本」にほかならない。この日本を乾隆帝と東アジアの世界史的同時代人である宣長はあの擬古的言語をもって「皇大御国」として語り出していったのである。

私がいま宣長の国学的な言説の向こう側に「皇清の大天下」を見ていこうとするのは、宣長国学に対中国的ナショナリズムの表現を見ようとするからである。たしかに18世紀の鎖国下の徳川日本は中国との外交的関係性を絶っている。だがすでに見るように「皇清の大天下」は東アジア世界に現前し、周辺諸国の存立と国家間の関係性を規定していったのである。この東アジア世界における鎖国日本から反中国的ナショナリズムの表現ともいうべき「皇国日本」の言説が生み出されるのである。

では「千万御世の御末の御代まで、天皇命はしも、大御神の御子とましまして、天つ神の御心を大御心として、神代も今もへだてなく、神ながら安国と、平けく所知看《しろしめ》しける大御国」（『直毘霊』）という「皇国日本」の自己認識を反中国的ナショナリズムの表現として見ることは天皇制をめぐるわれわれの考察にとって何を意味することなのか。第一には「皇国日本」の言説が反中国的ナショナリズムの表現としてもつ歴史的イデオロギー性である。第二にはわが天皇制が反〈易姓革命〉的言説として絶対的な保守主義的性格をもって説き出されることである。

4　「天皇国家日本」というイデオロギー

私はすでに宣長の『古事記伝』の序章『直毘霊』をめぐって本書の核心をなすような論「絶対的保守主義としての天皇の道」を展開している。本章のこの論が21世紀日本の天皇論としてもつ意味を明らかにしながら、同時にこれが18世紀日本に成立する天皇論であることの認識を通じて、天皇論的な呪縛からの解放の道を探ることである。私がいま本章「徳川日本と宣長天皇論の成立」で明らかにしようとしているのは、宣長天皇論が18世紀の徳川日本という歴史的な世界に反中国的な民族主義的な

〈イデオロギー的構成物〉として成立したことである。

さきに指摘したように東アジア世界を「皇清の大天下」に包摂した乾隆帝の在位期間は『古事記伝』四十四巻を完成させた宣長の三十五年の後半生をも包摂する。あの「千万御世の御末の御代まで、天皇命はしも、大御神の御子とましまして、天つ神の御心を大御心として、神代も今もへだてなく、神ながら安国と、平けく所知看《しろしめ》しける大御国」という『直毘霊』の言葉は「皇清の大天下」に対置されたイデオロギー的〈権衡〉の意味をもつものである。私が「宣長天皇論が18世紀の徳川日本という歴史的な世界に反中国的な民族主義的なイデオロギー的構成物として成立する」というのはこの意味においてである。宣長天皇論が反中国的ナショナリズムの表現としてもつイデオロギー性はこの天皇論の18世紀という時代的成立を規定している。

5　絶対的保守主義としての天皇制

宣長天皇論は反中国的ナショナリズムの表現としての歴史的イデオロギー性をもつとともに、その天皇論自体を天下国家の興亡を担う統治者論としてではなく、この国家の永続性を体現する神聖な統率者論として展開させる。これは近世日本の現実的な政治的統一者である徳川将軍とその幕府の統治下にある日本の天皇論だということである。宣長は『玉くしげ』でこの国家の永続性を体現する神聖な統率者たる天皇を「朝廷」としてこういっている。

「然るに皇国の　朝廷は、天地の限りをとこしなへに照しましまます、天照大御神の御皇統にして、すなはちその　大御神の神勅によりて、定まらせたまへるところなれば、万々代の末の世といへども、日月の天にましますかぎり、天地のかはらざるかぎりは、いづくまでもこれを大君主と戴き奉りて、畏み敬ひ奉らでは、　天照大神御の大御心にかなひがたく、この　大御神の大御心に背き奉りては、一日片時も立ことあたはざればなり。[5]」

わが天皇朝国家すなわち皇国の永続性を天地と変わらざる永続性として語るこの荘重な言葉を見よ。天皇朝国家日本の永続性はそれを語るこの言葉とともに生み出されたことを教えるようではないか。皇国の永続性とそれを語る言語は、天照大御神や天皇とその朝廷を記す字の前を一字空ける表記法とともに成立する。この天皇朝国家日本の永続性を語る言語は、近世日本の現実的統治者である徳川将軍家による統治を「天照大御神の御はからひ」による天皇朝廷の委任として語っていく。

「さて今の御代と申すは、まづ　天照大御神の御はからひ、朝廷の御任《みよさし》によりて、東照神御祖命より御つぎつぎ、大将軍家の、天下の御政《みまつりごと》をば、敷行はせ給ふ御世にして、その御政を、又一国一郡と分て、御大名たち各これを預かり行ひたまふ御事なれば、其御領内御領内の民も、全く私の民にはあらず、国も私の国にはあらず、天下の民は、みな当時これを、　東照神御祖命御代々の　大将軍家へ、　天照大御神の預けさせ給へる御民なり、国も又、　天照大御神の預けさせたまへる御国なり、然ればかの　神御祖命の御定め、御代々の　大将軍家の御掟は、すなはちこれ　天照大御神の御定御掟なれば、殊に大切におぼしめして、はぐくみ撫で給ふべき事、御大名の肝要なれば、下々の事執行ふ人々にも、此旨をよく示しおき給ひて、心得違へなきやうに、常々御心を付らるべき御事なり、」

すでに『玉くしげ』からの長文の引用は限度を超える感があるが、この絶対的な〈カミ〉への随順を説く最後の言葉をも引いておきたい。

「さて又上に申せるごとく、世ノ中のありさまは、万事みな善悪の神の御所為なれば、よくなるもあしくなるも、極意のところは、人力の及ぶことに非ず、神の御はからひのごとくにならでは、なりゆかぬ物なれば、此根本のところをよく心得居給ひて、たとひ少々国のためにあしきこととても、有来りて改めがたからん事をば、俄にこれを除き改めんとはしたまふまじきなり、」

18世紀の徳川日本で反中国的ナショナリズムの表現としての歴史的イデオロギー性をもって語り出される宣長の天皇制国家論は、朝廷に代わる幕府の委任統治論の形をとりながら天照大御神に始まる皇統の連続性を国家の神聖な安定的体制原理としてもった絶対保守主義的な国家社会論を語り出していくのである。

ところで宣長天皇論の絶対保守主義的性格について私はすでに『直毘霊』をめぐってのべた文章中で語っている。それは本書『天皇論』の第三章の「絶対的保守主義としての天皇の道」においてである。

その結論に導く章で「『直毘霊』の冒頭で宣長は私が絶対的保守主義と呼ぶ皇統の連続性を体現す

る天皇像を導き出している」として『直毘霊』の次の文章を引いている。

『千万御世の御末の御代まで、天皇命はしも、大御神の御子と坐しまして、天つ神の御心を大御心として、神代も今も隔てなく、神ながら安国と、平らけく治ろしめしける大御国になもありければ、古の大御世には道といふ言挙げもさらになかりき。』

天照大神御の御子としての代々の天皇統治の連続性が、道をめぐる賢しらの議論を不要とするような世の安定をもたらす根拠をなすものであることがいわれている。天照大御神に由来する皇統の連続性は絶対的保守主義ともいうべき日本の国家原則であって、日本にこれに代わる国家原則をめぐる議論が生じることはないというのである。明治維新を通じて再認識され、昭和の敗戦に際してその存続が最も憂慮されたのも天照大御神に由来する皇統の連続性であり、絶対的保守主義ともいうべき日本の国家原則であったのである。

私がここに語り済みの文章を繰り返し引くのは、宣長の「天皇論」を18世紀徳川時代の言説として理解するとしないとでは、そこに重大な差異の生じることを知ったからである。私がここでしてきたのは日本の統治主体が徳川将軍と幕府にある時代における天皇の存在意味である。この時代に宣長ははじめて日本という国家の永続的存立を保証し、それを意義づけるものが天照大御神に由来する天皇の連続的な存立にあることをいったのである。この天皇とは日本の統治的主体ではない。統合的日本の祭祀的、儀礼的な最高主体としての天皇である。この天皇は明治維新の「親政」天皇ではなく、むしろ戦後的な「象徴」天皇である。したがって絶対的保守主義がいわれるのは「象徴」天皇についてである。「親政」天皇と「象徴」天皇については次章以降の講述で明らかにしたい。

第八章　もともと「象徴」的天皇であった——津田左右吉と戦後的天皇論

「けれども、新憲法が天皇を日本国の象徴であり日本国民の象徴であるとし、国政に関与せられず、ただ国事に関する一定の行為をせられることにしたのは、日本の昔からの天皇の地位とその性質とによく適合するものであって、天皇の真の権威は新憲法のこの規定によって明らかにせられ、皇位の永久性もそれによって確保せられるのである。」（津田左右吉「日本の皇室」[1]）

1　「天皇は権力をもたない」

津田左右吉の戦後的天皇論あるいは皇室論を代表する論文「日本の皇室」は雑誌『中央公論』の昭和27年（1952）7月号に掲載されたものである。その「日本の皇室」で中古このかた武家がこの国の権力を握っていたのをわが国体の本質に背くものだとし、その失われた権力を皇室は回復せねばならぬという主張が幕末という時期になされ、その実現がいわゆる「王政復古」としての明治維新になったとして、津田はこういっている。

「この王政復古、即ち皇室が政治的権力を有たれるようになったことは、皇室の企てによったものではなく、時の天皇の御希望から出たことでもなく、思想的には民間の一部の知識人の間に醸し出された一種の勤王論に由来し、実行については主として下級武士の活動による二三の雄藩の力によってできたものである。」

近代日本の天皇制国家を導いた「王政復古」としての明治維新について、津田はその主導理念である「王政復古」とは皇室から出たものではないというのである。これは「王政復古」としての、あるいは「親政」天皇制復活としての明治維新観をその根幹において批判するものである。

津田はこの「日本の皇室」論で「天皇が権力を以て国民に臨まれたことは昔から無かった」ことをいおうとするのだが、この非権力者としての天皇論は、冒頭に見た「王政復古」としての明治維新観についての津田の批判と不可分の関係をもつものである。この「近代」という歴史過程を通じて国民もまた支持するにいたった「王政復古」としての明治維新観への津田の批判はこの非権力者としての伝統的天皇をいう「日本の皇室」論の前提としてあるのである。そのことを踏まえずにこの「日本の皇室」論を読むならば、人は津田の天皇観に終戦と戦後の国家的事態による〈変質〉あるいは〈転向〉をただ読むことになるだろう。私たちはまず〈政治的権力とは無縁な天皇・皇室像〉という津田による歴史的造形を「日本の皇室」に見ておきたい。私はここに津田の書く長い切れ目のない文章をあえて短文節化して引いた。

「天皇が権力を以て国民に臨まれたことは昔から無かった。天皇はどこまでも日本国家の統治者であられたけれども、歴史的事実が明かに知られる時代になってからは、実際に政治の局に当られたことは、一二の例外を除けば、全く無いといってもよい。」

「昔から権力を以て国民に臨んだのはかかる権家であったのである。だから国民は皇室と権力関係に於ける対立の地位にあったのではなく、従ってまた国民は、皇室に権力があるものとして、それに対して畏怖もしくは反抗の念を抱いた、というようなことはただの一度も無い。」

「だから、トクガワ氏のもっている権力をそのトクガワ氏から奪って皇室がもたれるようにしようとした、エド時代末期の復古主義や、その意義でのいわゆる勤王論は、遠い昔からの皇室の真の地位とその本質を知らなかったからのことである。」

では権力をもたない皇室の存立意義とはなにか。

「然らば政治の局に当られなかった皇室の本質とはたらきとはどこにあったか。それは何よりも、日本の国家が統一せられた独立の国家であり、その国家が永久の存在であることの、具体的な象徴である点にあった。」

このことは次のようにも言い換えられている。

「皇室が政治の局に当られず権力を用いられることが少しも無かったにかかわらず、こういう意味に於いて何人《なにびと》もが皇室を尊崇していたのは、政権をもっているものの家がしばしば変ったとは違って、皇室が一系の皇室であられ、そうしてそれがおのずから国家の永久性の象徴となっているところに、根本の原因がある。」

すでに津田の皇室論は「権力をもたない皇室の存立意義」に及び、それを「国家の永久性の象徴」であるところに求めている。『日本国憲法』は「日本国民の統合の象徴」としての「象徴天皇」像を「平和国家日本」像とともに戦後の日本国民に提示したが、津田はこの「象徴天皇」こそが歴史的にはむしろ本来の日本皇室のあり方だというのである。

天皇制的神話体系としての『記紀』に対する徹底した史料批判を通じて脱神話化的解読作業を行ってきた戦前の津田による戦後の皇室擁護的歴史論の展開は、津田に畏敬の念を持ち続けてきた歴史家たちを始めとする多くの人びとを裏切るかのようであった。戦前の『記紀』批判者津田と戦後の皇室擁護者津田とをほとんど同時的に知るようになった戦後世代の私たちにとっても、津田という人とその著作の読み難さを教えるものであった。だがその私に戦後の津田の皇室論などの論説の読み直しを促したのは、「王政復古」の旗幟を掲げた明治維新とその後に対する津田の激しい批判論文を読んだことによるのである。

2　津田の「明治維新」批判

津田は明治維新と維新後の新政府をめぐる批判的文章を戦後に雑誌論文として書き続けた。それらの文章は『津田左右吉全集』の「文学に現はれたる国民思想の研究　五」[2]と題された第八巻にまとめられている。私は三年前刊行の『「維新」的近代の幻想』[3]の序章「明治維新とは何であったか」をこの『津田左右吉全集』第八巻にまとめられている維新をめぐる諸章によって書いた。私はいまここで津田の「王政復古」としての明治維新批判を述べるに当たってこの書の「序章」の文章を思い起こしながらここに再び記すことを御容赦願いたい。

明治維新を薩長両藩による封建反動というべき政権奪取のクーデターと見る津田は、この「王政復古」のスローガンに討幕派とその運動の私的性格を隠す偽りの名義を見ることになる。幕末に至って「誤った勤王論が一世を風靡し、その結果、いわゆる王政復古が行われて、皇室を政治の世界にひき下ろし、天皇親政というが如き実現不可能な状態を外観上成立させ、従ってそれがために天皇と政府とを混同させ、そうしてかえって皇室と民衆とを隔離させるに至った[4]」と津田はいうのである。こうして「王政復古」は明治政権の恣意的な権力行使を許す根拠にさえなったのである。津田はさらに激しく非難する。「オホクボが君権の強大を標榜し、イハクラが確然不動の国体の厳守を主張してゐるにかかはらず、その実、彼等が維新以来ほしいままに占有してきた政権の保持を劃策するに外ならなかったことを示すものである。彼等の思想は、皇室と政府とを混同し、政治の責を皇室に帰することによって、みづから免れ、結果から見れば畢竟皇室の徳を傷つけるものだからである。さうしてそこに、いはゆる王政復古または維新が、その実少なくとも半ばは、皇室をも国民をも欺瞞する彼等の辞柄であり、かかる欺瞞の態度を彼等が明治時代までもちつづけてきた證迹が見える。」

これらの言葉は、「王政復古」維新を近代日本国家の正統的な始まりとする現代日本の歴史家・政治史家に聞くことのまったくない言葉である。だが津田はいうのである。「王政復古」クーデターが「天皇親政」を騙った明治政府による専制的な国政を可能にしたのだと。昭和の天皇制ファシズムによる軍事的国家の成立を「王政復古」維新と無縁ではないと考える私は、津田の維新をめぐる論考を大きな助けとして「明治維新一五〇年」を読み直したいと考えていると私の著書の「序章」末尾に記したのである。

だが「王政復古」的維新の問題が重要なのは「天皇親政」を騙った明治政府による専制的国政を露わにすることだけではない。より重大なのは「王政復古」として歴史的正統性への復帰が説かれた「天皇親政」という日本の最高の統治主体としての天皇のあり方自体が、歴史的には日本の「極めて稀な例外とすべき」事態であったことを明らかにしてしまったことである。津田はいうのである。

「六世紀より後に於いても、天皇はみずから政治の局には当られなかったので、いわゆる親政の行われたのは、極めて稀な例外とすべきである。タイカ（大化）の改新とそれを完成したものとしての令の制度とにおいては、天皇親政の制が定められたが、それの定められた時は、実は親政の状態ではなかった。そうして事実上、政権をもっていたのは、改新前のソガ（蘇我）氏なり、後のフジワラ（藤原）氏なり、タイラ（平）氏なりミナモト（源）氏なり、アシカガ（足利）氏なり、トヨトミ（豊臣）氏なり、トクガワ（徳川）氏なりであり、いわゆる院政とても天皇の親政ではなかった。政治の形態は時によって違い、或は朝廷の内における摂政関白などの地位にいて朝廷の機関を用い、或は朝廷の外に幕府を建てて独自の機関を設け、そこから政令を出したのであり、政権を握っていた者の身分もまた同じでなく、或は文官であり或は武人であったが、天皇の親政でない点はみな同じであった。」そして津田は天皇非親政の伝統を記した上で非常に重要なことを付け加えている。「天皇はおのずから『悪をなさざる』地位にいられたことになる。皇室が皇室として永続した一つの理由はここにある」▼5と。

「王政復古」的維新を批判する津田は「親政」天皇とは六世紀以降の日本においては例外的な事態であり、皇室が永続した理由も国民と対峙するような政治的権力主体として天皇がなかったことによるというのである。戦後日本の「象徴」天皇制はかくて歴史的正統性をえるのである。

3　宣長も「象徴」的天皇論者

日本の天皇はもともと「象徴」的天皇だという津田の指摘を受けて宣長の天皇論をあらためて考えてみよう。近世の徳川将軍と幕府権力による体制的支配下の日本にあって、民衆的総体が権力的に対峙するのは将軍と幕府とそれを支える武家階級であって、天皇と朝廷的公家たちではなかった。この近世日本の徳川将軍と幕府の権力体制を自明の前提にして展開される宣長の天皇論とは間違いなく「象徴」的天皇論である。このことはすでに私は前章でのべたことである。ここでは津田の「象徴」的天皇論にたって再確認するだけにとどめたい。私は前章で『直毘霊』の一節を引きながら次のようにのべた。

「千万御世の御末の御代まで、天皇命はしも、大御神の御子と坐しまして、天つ神の御心を大御心として、神代も今も隔てなく、神ながら安国と、平らけく治ろしめしける大御国になもありければ、古の大御世には道といふ言挙げもさらになかりき。」(『直毘霊』)

「天照大神御の御子としての代々の天皇統治の連続性が、道をめぐる賢しらの議論を不要とするような世の安定をもたらす根拠をなすものであることがいわれている。天照大御神に由来する皇統の連続性は絶対的保守主義ともいうべき日本の国家原則であって、日本にこれに代わる国家原則をめぐる議論が生じることはないというのである。明治維新を通じて再認識され、昭和の敗戦に際してその存続が最も憂慮されたのも天照大御神に由来する皇統の連続性であり、絶対的保守主義ともいうべき日本の国家原則であったのである。」

私がここに語り済みの文章をあえて引くのは、宣長の「天皇論」を18世紀徳川時代の言説として理解するとしないとでは、そこに重大な差異の生じることを知ったからである。私がここでしてきたのは日本の統治的主体が徳川将軍とその幕府とにある時代における天皇の存在意味である。この時代に宣長ははじめて日本という国家の永続的存立を保証し、それを意義づけるものが天照大御神に由来する天皇の連続的な存立にあることをいったのである。この天皇とは日本の統治的主体ではない。統合的日本の最高の祭祀的、儀礼的主体としての天皇である。この天皇は明治維新の「親政」天皇ではなく、むしろ戦後的な「象徴」天皇である。したがって絶対的保守主義がいわれるのは「象徴」天皇についてである。これさえ維持されていれば永遠にこの日本国家は安泰であるとされるのは「象徴」天皇とその連続性であるのだ。

4 「天皇」号の創出

私は前章の「徳川日本と宣長天皇論の成立」で宣長天皇論の成立を「皇清の大天下」としての東アジア世界を背景にして論じた。すなわち東アジア世界における日本型華夷秩序の形成の要求が同時に天祖的紀元に由来する「天皇的国家」日本の存立を要求することを。「皇清の大天下」を呼号する乾隆帝と「神統的天皇制国家日本」を『古事記』から読み出す宣長との東アジア世界における同時代性をあえて私はいった。宣長のこの読み出しは東アジア世界史のなかで日本の「神統的天皇」の絶対性をもって中華的帝権国家に対抗しうる日本的帝権国家を確立するためである。

米谷匡史は「倭王」から「日本天皇」への転換が行われた七世紀末から八世紀初頭の古代日本をめぐるすぐれた洞察とともにこういっている。「『古事記』と『日本書紀』にはさまざまな差異があるが、どちらも朝鮮半島をふくむ帝国秩序を表現する神話・歴史書であった。『天皇』は、『新羅王』や『百済王』等よりも上位の『皇帝』レベルの王権として創出された。『天』や『日』の思想は、『王』のレベルの『倭王』から『皇帝』のレベルの『天皇』への上昇をささえるものであった。これは、中華帝国の『皇帝』によって冊封をうけた『倭王』としての痕跡を消し去りながら、朝鮮半島の王朝への優越を誇示しようとするものである[6]」と。これは「皇帝」的中国の支配する古代東アジアの漢字世界における日本の対抗帝国的登場を「天皇」号の創出に解読するすぐれた記述である。『古事記』『日本書紀』はこの「天皇」号の創出とともに編述されるのである。そして『古事記』はこの「天皇」の神話的成立を伝承説話として語り出していくのである。これは東アジア世界における日本の「天皇」号の創出とその永続的継承がもつ意味をめぐるすぐれた指摘である。

18世紀東アジア世界における日本の宣長による『古事記』の解読と万世一系の天皇の読み出しは古代東アジアにおける「天皇」号の創出という日本の歴史体験を18世紀東アジア世界で繰り返すものである。東アジア世界における「天皇」号創出の歴史的国家体験とは「皇国」として他国に対する優越体験である。18世紀東アジア世界における日本の宣長による『古事記』の解読と万世一系の天皇の読み出しは、「漢」に対する全的批判が伴われるが、宣長において顕著なのは激しい「韓」批判がなされたことである。

5　日本上代と「韓」の全否定

宣長は天明5年（1785）に藤貞幹の『衝口発《しょうこうはつ》』に対する激しい論駁書『鉗狂人《けんきょうじん》』を著している。「鉗狂人」とは狂人に鉗《くびかせ》をかける意であって、書名からもその論駁の激しさが理解される。そしてこの宣長の駁論を上田秋成が批評したことから両者の間に国学史上著名な論争が展開されることになる。では宣長の怒りを誘った藤貞幹の『衝口発』とはいかなる書であったのか。藤貞幹は『衝口発』の「国史」の章で、「日本紀を読ば、先此国の事は、馬辰の二韓よりひらけ、傍弁韓のことも相まぢはると心得、それを心に忘れず読ざれば、解しがたし。古来、韓より事起こりたることを掩たることをしらず。此国きりにて、何事も出来たると思ふ故、韓の言語を和訓とす。様々に説を立、終に其意を得ることとなし」[7]というように『日本紀』の成立の時期にはるかに先立つ時代の日本社会を藤貞幹は韓文化・風俗とその言語の影響下に、あるいは支配下にあったものとみなしている。そして『日本紀』の編纂事業に象徴的に示されるような日本古代国家の自立的な展開過程はその事態を掩蔽し、あたかも『此国きりにて、何事も出来た』かのようにみなそうとしているというのである。

『記紀』において神話的に語られるこの国の先史時代を藤貞幹は後漢時代の中国の政治圏に属する朝鮮半島の、そこに成立する三韓（馬韓・辰韓・弁辰）の歴史過程に読み替えていこうとするのである。さらにこの国の言語についても、「本邦の言語、音訓共に異邦より移り来者也。和訓には種々の説あれども、十に八九は上古の韓音韓語、或は西土の音の転ずる也。……秦人の言語、韓に一変し、又此邦に一変し、今此を求るに、和訓に混じて分別しがたし」というのである。この発言に示されているのは、日本列島に成立する固有言語（やまとことば）が存在していたことの証を『古事記』に読み取ろうとする宣長の言語観に真っ向から対立するような古代言語観である。宣長が「鉗狂人」（狂人にくびかせをする意）といった度を逸した罵言をタイトルにした書をもって対応せざるをえなかったゆえんである。

だが宣長の怒りとともに私は、なお18世紀江戸の文化世界にわが神話的古代日本の言語文化の成立を東アジアの漢字的古代言語文化世界との交渉的関係において見るような言語学的視点の存在したことを確認するのである。だが宣長の一国主義的な天皇国家の成立論はこの東アジアの言語的交渉関係をまったく認めない。米谷は「天皇」号の創出は「中華帝国の『皇帝』によって冊封をうけた『倭王』としての痕跡を消し去りながら、朝鮮半島の王朝への優越を誇示しようとするものである」といったが、神話的起源をもつ「天皇」的国家の優越性に立つ宣長も古代「韓」との言語的文化的交渉関係を認めない。「皇国言《みくにことば》は神代の始まりおのづからの皇国言にして、其めでたく妙なること、さらに諸の戎狄言《からことば》と同日に論ずべきにあらず」といった独善的な言語をもって対するだけであった。

私は前に「18世紀東アジア世界における日本の宣長による『古事記』の解読と万世一系の天皇の読み出しは古代東アジアにおける『天皇』号の創出という日本の歴史体験を18世紀東アジア世界で繰返すものである。東アジア世界における『天皇』号創出の歴史的国家体験とは『皇国』として東アジアの諸国に対する優越体験である」といった。この「天皇」が「象徴天皇」であるか「親政天皇」であるかを問うものではない。私は本章で日本の天皇は歴史を通じて「象徴天皇」であることをいってきた。たしかにアジアの近隣諸国に侵略と抑圧とを強いてきたのは近代の「親政天皇」国家日本であった。

だが「親政的」であるか「象徴的」であるかを問わず、天つ神につらなる「天皇」とは「皇帝」に並ぶ帝国の中心的統率者の称である。この「天皇」を「象徴的」とはいえ内なる民族的統合者として持ち続けている日本人がアジアの近隣諸国とその国民との間に真の友愛関係を築くことは難しい。そのことは日本の天皇は古来「象徴的」だという津田左右吉が中国に対する思想的・文化的な徹底した批判を戦前・戦後を通じて展開し続けたことによってもいいうることである。徹底した「国民」主義的思想家津田左右吉は「象徴的」天皇論者であり、この天皇制の愛護者でもあったのである。

第九章　天皇とともに在り続ける日本とは何か――象徴天皇制の現在

「ここで重要なのが、國體と言ってもいいのですが、文化を尊重することです。文化は言葉で理解できるものではありませんが、我々にとって本質的なものです。私がそのことを痛感したのは、外交官としてソ連崩壊に直面した時です。あの時、ソ連は崩壊しましたが、ロシアは残りました。国家は滅んでも文化は残るのです。それでは、仮に日本国家が崩壊した時に残るものとは何か。それはやはり文化であり、國體であり、皇統なのです。」（佐藤優「革命の可能性が開かれた」[1]）

1　象徴天皇のお言葉

前の天皇の「退位の意向」を強くにじませたお言葉が放送されたのは平成28年（２０１６）８月８

日であった。そのお言葉のなかで天皇は在位二十八年間の象徴天皇としての務めを回顧しながら、この象徴としての職務の遂行が加齢により困難になりつつある現状をのべて生前退位の意向を言外に滲ませた。このお言葉は天皇がみずから象徴天皇としての職務とその遂行の重要さをのべたものとして大きな反響を呼んだ。その反響は天皇の生前退位という異例な事態の提示をめぐって生じたものだけではない。象徴天皇という天皇の存在意義、すなわち「国民統合の象徴」として日本国憲法が規定している「象徴天皇」をみずからの行動をもって実現しようとしてきた天皇の営為とその経過を天皇が自らの言葉をもって語ったことによってである。それゆえ天皇のこのお言葉は国民に象徴天皇としての天皇の存在意義を再確認あるいは再発見せしめるような意味をもったのである。

この象徴天皇のお言葉は「象徴」としての現代天皇のあり方だけではない、日本にそもそも「天皇」が古来存在してきたという国体論的な歴史的事態をも想起させながら〈天皇論〉をあらためて人びとに再構成させていった。ここにそうした〈天皇論〉を集大成した一冊がある。それは『月刊日本』誌が「1月増刊」号として編集刊行した『私の天皇論』である。「民族として、文化共同体として、倫理を伴った日本人であるため」の「闘う言論誌」を謳う『月刊日本』誌の『私の天皇論』特集は、内田樹・片山杜秀・佐藤優・西部邁・白井聡ら当代の名うての論者による天皇論を集めて、「現代の天皇論集」と呼びうるような一冊子を構成している。私はここに集められた「天皇論」を読みながら、論者たちが「象徴天皇のお言葉」に接し、あらためて「天皇のいる国日本」を再発見し、それそれに再構成していることに驚いた。

2　天皇国日本の再発見

『私の天皇論』論集で「天皇のお言葉」に日本の天皇制史上初めてといいうるような意義を見出したのは内田樹である。内田は、「天皇の第一義的な役割が祖霊の祭祀と国民の安寧と幸福を祈願すること、これは古代から変わりません。陛下はその伝統に則った上でさらに一歩を進め、象徴天皇の本務は死者たちの鎮魂と苦しむ者の慰藉であるという『新解釈』を付け加えられた。これを明言したのは天皇制史上初めてのことです。現代における天皇制の本義をこれほどはっきりと示した言葉はない」[2]といっている。さらに内田は「世界中で日本だけが近代国民国家、近代市民社会の形態をとりながら古来の天皇制を存続させている。霊的権力と世俗権力の二重構造が統治システムとして機能し、天皇が象徴的行為を通じて日本統合を果たしている。こんな国は見回すと世界で日本しかない」と、日本における象徴天皇としての天皇制の持続に世界史的に類を見ない国家統合上の積極的な意味を内田は託すのである。

佐藤優は象徴天皇のお言葉から「明治以来、初めて譲位（生前退位）が実現します。これは天皇陛下から皇太子殿下へ皇位が禅譲されるということ、すなわち皇室典範が禁じた革命が起きるということです。それにより一世一代の制が崩れ、平成以後の日本には限定的な革命（禅譲、放伐、錦旗革命）が起きる可能性が開かれました」という。だがここでいう革命とは「長州が作り上げた近代天皇『制』が終焉を迎え」るような制度的革命であって、日本の天皇制的な国家社会体制の根幹にかかわるような革命ではない。佐藤は天皇や国体は文化であり、それは定義することはできないとしてこういっている。本章冒頭に引いた言葉をもう一度ここに引こう。「ここで重要なのが、「國體」と言ってもいいのですが、文化を尊重することです。文化は言葉で理解できるものではありませんが、我々にとって本質的なものです。私がそのことを痛感したのは、外交官としてソ連崩壊に直面した時です。あの時、ソ連は崩壊しましたが、ロシアは残りました。国家は滅んでも文化は残るのです。それでは、仮に日本国家が崩壊した時に残るものは何か。それはやはり文化であり、國體であり、皇統なのです。」[▼3]「万世一系」の天皇を国家的統合の象徴的主体として戴く日本の天皇制的国家のあり方「國體」を佐藤は日本文化と同様な文化的概念とみなすのである。そして「ソ連」は崩壊しても「ロシア」は残ったという外交官体験から、政治的日本国家の崩壊時にもなお残るのは日本の「文化」であり、「國體」であり、「皇統」だというのである。だが外交官佐藤が体験した「ロシア」の残存は、いま「ツァーリズム」の残存として世界戦争の危機的恐怖を地球上の人びとに与えているが、天皇制的「國體」の永久的存続をいう言葉がアジアの殊に隣国中国・韓国の人びとに与える戦慄を佐藤は予想することはないのであろうか。

「象徴天皇のお言葉」とともに刊行された論集『私の天皇論』は「天皇制的国家日本」の過去と現在

と将来についての現代日本の代表的知識人の「本音」を記録したものとして貴重である。さらにいくつかをここに記録し、私の最後の天皇制論を進めるための手掛かりとしよう。平成という代の終わる30年の1月に多摩川に入水して自ら命を絶った西部邁もこの論集のために文章を遺していた。[4] その文章で西部は国家というものは政策や戦略の決定のための価値基準を必要としている。そういう価値基準が由来する「根源的な何事かをナショナルアイデンティティと言ったり、国体と言ったり、国柄と言っているわけです」といい、「天皇はそれら全てに関わる存在」だといい、「天皇は価値の源泉たる国柄の『象徴』」だというのである。そして西部が「天皇が歴史的に持続してきた国民の聖なる感覚を象徴している以上、天皇は『象徴にすぎない』のではなく、あえていえば『象徴であらせられる』わけです」というとき、「象徴天皇」は歴史的に持続する日本という国家国民の聖性概念として西部に再発見されたことを知るのである。[5]

　このように「象徴天皇のお言葉」とともに編まれた『私の天皇論』の論説を見てくると「象徴天皇」は民族的「聖」概念として国民的記憶の中に埋め直され、再発見されていることを知るのである。もはやそれは大戦に敗れた民に勝者の与えた救済的遺物ではない。むしろこの民のしたたかな継続と復活とを証し続ける「聖」なる存在である。

3　天皇と国家的正統性の由来

「天皇は、日本国の象徴であり日本国民統合の象徴であって、この地位は、主権の存する日本国民の総意に基く。」日本国憲法・第一条

坂本多加雄が「象徴天皇制度と日本の来歴」の副題をもつ『天皇論』を著したのは1995年、戦後50年目にあたる年であった。▼6 坂本はその七年後2002年に若くしてこの世を去ったが、その著書『天皇論』は2016年の「象徴天皇のお言葉」にはるかに先立って象徴天皇の国家的正統性の由来を論じている。

坂本は日本特有の「天皇」という制度を論ずるのに「来歴」という概念によっている。彼はB・アンダーソンの『想像の共同体』によりながら、「人々の内面における『国民』の意識の根底にあって、それに具体的な形態を与えるものこそ、その国家の成り立ちを語る物語であり、それが、『われわれの物語』として繰り返し語られることで、国民国家が再生産され、維持されていくのである」といっている。これを受けて坂本は、「国家というものが、人々の共有する物語のなかに成立しているとすれば、それが、個人とは別個の実体として個人の外側に存在するものであると考える必要は必ずしもない。むしろ、個人の来歴のなかに、国家を含めて、当の個人を越えて持続する様々な集団についての無数の物語が、様々な形で点綴されているのである」というのである。この「来歴」という概念構成のあり方を見ると、「国民主権」というような大きな国家国民の歴史的変容を徹底して国家国民内

部の物語として語り切ってしまおうとする坂本の歴史哲学的な方法論的立場に由来する概念とみなされる。この「来歴」という歴史哲学的な概念によって坂本は「国民主権」のもと、「国民」の代表である国会や内閣が実質的決定を行う権能を有するけれども、単にそこで実際に決定がなされるだけではなく、「天皇の行為を媒介することで初めて、そうした決定に、日本国および日本国民の決定としての『正統性』が付与されたのである」[7]というのである。坂本は天皇による「正統性」付与の権能を『日本国憲法』第一条で天皇が「日本国」ならびに「日本国民統合」の「象徴」であるとされているところに読むのである。これは坂本による天皇的国家の「来歴」的読み、すなわち国家国民内部の物語として読み切ってしまうことの恐るべき帰結である。

「日本国憲法は、『国政の権威』が自らに由来するという『国民主権』の原理を『国民』が宣言することそれ自体を、改めて、天皇が『裁可』し『公布』することで成立しているのである。この独特の論理構成をどのように説明するのか、これこそ、日本の憲法学の課題でなければならない」と坂本はいう。これは『日本国憲法』第一条「天皇は、日本国の象徴であり日本国民統合の象徴であって、この地位は、主権の存する日本国民の総意に基く」の成立についても同様である。この第一条についても坂本は「天皇が『裁可』し『公布』することで成立している」とするのである。それは『大日本帝国憲法』を修正した『日本国憲法』を裁可し、これを公布することを宣する天皇の「上諭」をこの憲法の成立要件として認知することに由来する。その「上諭」とは次のようである。

「朕は、日本国民の総意に基いて、新日本建設の礎が、定まるに至つたことを、深くよろこび、枢密顧問の諮詢及び帝国憲法第七十三条による帝国議会の議決を経た帝国憲法の改正を裁可し、これを公布せしめる。」

これに「御名御璽」と「昭和二十一年十一月三日」の日付と総理大臣吉田茂以下各大臣の副署が付されている。これによって『日本国憲法』は『帝国憲法』の改正憲法として成立し、天皇の名によって公布されることで法的に正統性をえた憲法であるとされるのである。だが一般にこの「上諭」を「国民主権」をいう『日本国憲法』の不可欠な正統的な成立要件として見ることはない。「国民主権」の成立に改正論を超えた変革性を認める憲法学者は「八月革命説」を唱えたりした。それは1945年8月14日の日本政府によるポツダム宣言の受諾を日本の根幹的な法的革命的事態とみなし、『帝国憲法』の改正的手続きによる『日本国憲法』の成立と天皇の名による公布にこの憲法の正統性を見ない立場である。当時中学の初年級で「新憲法」の公布に出会い、「新憲法」の精神を配布された文部省の小冊子で教えられた私たちも「国民主権」「戦争放棄」「言論の自由」「男女同権」等の人類的普遍性と革新性とを信じて育った。「新憲法」の正統性はその内容の人類的普遍性と革新性とにあると信じてきた私たちは、天皇の裁可と公布とをもって初めてこれが正統的に成立するなどと考えることはなかった。それゆえ『日本国憲法』の成立の法的正統性を天皇の裁可と公布とに見る坂本の説は私には驚きであった。

だが平成28年（２０１６）の「象徴天皇のお言葉」とともに編まれた『私の天皇論』の論説を通して「象徴天皇」が多くの論者によって民族的な「聖」概念として国民的記憶の中に埋め直され、再発見されていることをあらためて私は知った。もはや「象徴天皇」とは大戦に敗れた民に勝者が与えた救済的贈り物ではなく、むしろこの民のしたたかな継続と復活とを証し続ける「聖」なる存在であることを知ったものには、坂本のように『日本国憲法』成立の正統的な法的前提として昭和天皇の裁可と公布とを見ることは驚くべきことではないのかもしれない。だがこの憲法の「国民主権」の成立にまで天皇的配慮の来歴を読むほどの坂本の思い入れに私は驚きよりもむしろ怖れを感じるのである。

4　「国民主権」の天皇による裁可

坂本多加雄は昭和20年8月15日の日本の憲法的な、あるいは国法的な根本的政治状況についてこう語っている。「昭和二十年の八月十五日には、『革命』などは生じなかったのであり、それゆえ、日本国憲法成立までは、占領軍の権力のもとにおいてであれ、帝国憲法が有効に機能していたのである」とのべた後に、すでに引いたように「日本国憲法は、『国政の権威』が自らに由来するという『国民主権』の原理を『国民』が宣言することそれ自体を、改めて、天皇が『裁可』し『公布』することで成立しているのである」といい、「この独特の論理構成をどのように説明するのか、これこそ、日本の憲法学の課題でなければならない」といっていた。この国の象徴天皇制をめぐる「新憲法」の独特の論理構成を説明するのに坂本のこの書のすべてが費やされたともいいうるのだが、この書の上の言葉に続く坂本の文章をこの書の要旨をもっとも的確に伝えるものとしてここに引いておきたい。

「天皇が『日本国民統合』の象徴とされていることに関しては、後に詳しく述べるように、わが国近代の国民観念の成立に関わる歴史的事情が関係している。わが国の国民観念は、近世末期以降、天皇を日本全国の本来的な統治者として仰ぐという意識が一般化するなかから形成されていった。すなわち、そこでは『国民として』行動することが、そのまま、『天皇の名において』行動することを意味するような状況が生まれたのである。」

この言葉は、「この点は、革命以後のフランスにおけるように、『国民の名において』行動することが、『君主の名において』行動することと正面から矛盾していたのとは、著しい対照をなしている。すなわち、日本においては、『国民』が『国民』としての政治決定を行う際、それが、日本国全体を象徴する『天皇』の存在を意識してなされたという事情から、政治決定は、天皇の行為を介して、改めて『正統性』を獲得するという統治の原理が生まれたのである。この点を抜本的に改めるような政治的変革は、日本国憲法についての従来の解釈理論の根底にあった架空の『革命』の物語の内部以外には存在しない。▼8」

たしかに「基本的人権」とともに「国民主権」をわれわれ日本国民は〈革命〉を通して獲得したわけではない。〈革命〉はただ憲法学者の法理論的仮定としてあっただけだと坂本はいう。しかし帝国憲法的日本と日本国憲法的日本との間に日本は敗戦とマッカーサーの率いる連合国軍による占領という断絶をもったのではないか。これは革命にも等しい歴史上の断絶ではないのか。だが坂本はこれを断絶とはみなさない。そこにもなお持続するものがあるという。それは何か。国民の最終的な配慮者としての天皇という存在の歴史的な持続である。坂本は律令制的古代にさかのぼり、あるいは「しらす」という古言によって、また近世幕末政治史によってこの国の連続する天皇像を確認しようとするのである。

「(天皇の国制上の位置は)とりわけ、実質的な権力関係というより、統治の正統性の原理に着目する限り、幕末まで存続したと考えられる『憲法』としての律令体制を考慮に容れなければならないで在ろう。(上山春平『天皇制の深層』参照)」

「天皇の『しらす』は、また、三種の神器の『鏡』に象徴されるような、人々の心をすべて自らの心のうちに映し出すような理想の精神のもとでの統治とされる。」

「従来、もっぱら幕藩体制の実質的な政治決定のあり方のみが着目されていた限りで、天皇は影の薄い存在と見られていたのだが、その根底にある支配の正統性という点に改めて視点を移せば、天皇の権威は、武家政権存続に不可欠のものとして存在していたという結論が導かれるのである。」

「わが国の国民観念は、対外的危機意識の高揚を端緒としつつ、日本全国の本来的な統治者としての天皇という考え方を呼び寄せる形で形成され、その一方で、天皇の側においても、そうした動向に対応するような姿勢が取られるなかで確立されていったのである。」

坂本のこれらの文章は日本に成立する国法に最終的な正統性を与える「天皇」という国家的存在をめぐる「来歴」を記すものである。「日本国憲法においては、『国民主権』のもと、『国民』の代表である国会や内閣が実質的な決定を行う権能を有するけれども、単にそこで実際に決定がなされるだけではなく、天皇の行為を媒介にすることで初めて、そうした決定に、日本国および日本国民の決定としての『正統性』が付与されるのである」と坂本はいうのである。その坂本は『日本国憲法』の「天皇は、日本国の象徴であり日本国民統合の象徴であって、この地位は、主権の存する日本国民の総意に基く」という第一条成立の正統性もまた天皇の裁可によるというのだ。１９４５年のポツダム宣言受諾とともに始まる敗戦国日本の再起を画する『日本国憲法』第一条の正統性もまた天皇の裁可によるというのである。これからすれば「国民主権」もまた天皇の裁可によって正統化されるということになるだろう。そのようなことを新たな主権者である国民の誰が予想したであろうか。

戦後の『日本国憲法概説』によれば「日本国憲法は、実質的には、すでに憲法制定権力を有していた国民の意思に基づき、その国民を代表する議会の議決によりすでに決定され終っていたのであって、天皇の裁可は、この決定を単に承認するという機能を果たすにすぎなかったものと解すべきであろう」とされている。[9]天皇の裁可は形式的な承認にすぎず、その成立に正統性を与えるようなものではないとしているのである。だが坂本は天皇の裁可に「形式的な承認」以上の意味、この憲法とその法制的事態の正統的成立を承認するような意味を見ようとしているのである。しかも敗戦による帝国憲法的国家体制からの非連続的転換が求められている新憲法の成立にあたって、その第一条「天皇は、日本国の象徴であり日本国民統合の象徴であって、この地位は、主権の存する日本国民の総意に基く」の正統性もまた天皇の裁可によって与えられると坂本はいうのである。

だが「日本国憲法」の最も重要な「国民主権」の原理からなる第一条の正統性もまた天皇の裁可によってあるといえば、その天皇とは再び超越的聖性をもった存在になるのではないか。では一体坂本がした天皇の「来歴化」という語りとは何なのか。それは天皇をこの日本に、敗戦から再起する日本にもう一度内部化し、再聖化する語りではないのか。

5　天皇の再内部化と再聖化

1945年のポツダム宣言受諾とともに始まる連合国軍による日本の占領と戦後処理の時期、日本の自立的な国家的再構成の道は日本に許されてはいない。『日本国憲法』もまたいわゆる「マッカーサー草案」を基にしたものである。この「マッカーサー草案」を基にした憲法改正について佐藤功はこう解説している。

「その憲法改正の内容としては、マッカーサー元帥は、日本の民主主義化のためには天皇制を完全に廃止することは必ずしも必要ではないという立場をとった。しかし前に挙げた連合国内部における天皇制廃止論の主張に答えるためにも、国民主権の原則を明記して天皇制の徹底的な民主化の方向を明らかにするとともに、天皇制の存置が日本の軍国主義復活の危険となるとする各国の警戒に答えて、徹底した平和主義、すなわち戦争放棄・軍備不保持の原則をも憲法に明記する必要があるとしたものと解されるのである。」▼10

これがその成立時に少年であり、やがて青年時に私たちが自覚的に対応していった「日本国憲法」とそこに規定されている「天皇」であった。それは、その廃絶が日本社会の急進的変容に連なることを恐れながら、民主主義的、平和主義的日本社会の象徴としての存立が国際的に認められた「天皇」であった。だがそれから半世紀を経た時期、戦争国家の天皇でもあった昭和天皇の死によって初めから象徴天皇として即位した天皇の平成という時期に阪本は「天皇」の来歴を読み出しながら、何を意図していたのか。坂本の『天皇論　象徴天皇制度と日本の来歴』という書の意図を問いながら、私にはそれに答える資格のないことを知る。その書の意図を語るにはあまりにも埋めがたい距離がこの書の著者との間にあるからだ。私に代わって坂本の『天皇論』の「解説」を書く中島岳志に語ってもらおう。中島はいう。「坂本がこだわるのは『日本の同一性』である。『国家の来歴』は、政治体制が変わろうが、イデオロギーが変わろうが、永続する。なぜならば、あらゆる現在は過去の中に連続した

『筋』を見出そうとするからだ」[11]と。

坂本が「象徴天皇制度」を日本の来歴に読み出していったのは、平成28年（2016）の「象徴天皇のお言葉」によって人びとがその意義を再発見するよりかなり早い。坂本のこの書が最初に『象徴天皇制度とその来歴』として刊行されたのは平成7年（1995）である。それは私が『「宣長問題」とは何か』を青土社から出版したのと同時期である。私の『「宣長問題」とは何か』とはハイデガーのナチ党との関係が「ハイデガー問題」として問われた時に加藤周一がわが「宣長問題」をそれに対置して論じたことによる。加藤は精到にして周密な宣長の注釈学的作業の成果『古事記伝』に彼の天皇論的・国体論的なイデオロギー的言説を併置して「宣長問題」を構成し、時流に乗った論説を構成した。私はそれに対して「宣長の畢生の大業として称賛される『古事記伝』とは、古事記注釈を通して『日本』という内部、あるいは『日本人』という同一性を形成する作業であったとみなすことができる」[12]として『古事記』の注釈学から国学的イデオロギー形成の作業を分離することに反対した。これは当たり前のことだけれども、これが異様に思われるほど『古事記伝』は神聖視されていたのである。恐らくそれだからこそ「象徴天皇制度」を日本の不確かな来歴から適宜に読み出してなされた坂本の『天皇論』もまた成立したのだろう。

ところで日本における「天皇」的国家の成立はすでにこれに先立つ諸章で述べたように中華帝国的中国の存在を前提にしたもう一つの帝国すなわち日本的華夷秩序世界の形成としてなされていった。

「天皇」とは日本の東アジアにおける帝国的形成にとって不可欠な存在であった。宣長の『古事記』からの「天皇の道」の優越的語り出しに「漢」とその「聖人の道」の徹底した批判的排斥が不可欠であったことはすでに繰り返し私は語った。「漢」だけではない「韓」もまた激しい宣長の貶視の中に置かれたのである。したがって近代日本の天皇的帝国としての日本は中国や韓国に対する否定的貶視とともに形成されるのである。私の少年時の戦争体験から中国や韓国に対するこの貶視を免れている大人たちはいなかったということができる。これは忘れてはならない近代日本の昭和戦時期にいたる帝国的精神環境である。ということは、20世紀日本の天皇を語るとき、中国をはじめアジア諸地域にアジア太平洋戦争がもたらした巨大な被害・犠牲をぬきにして語ることはできないということである。だが日本に徹底的に内在化させて天皇とその来歴を語る坂本からアジアの日本帝国の天皇を見ることは全くない。阪本は20世紀世界におけるドイツ・ナチスの行動は異常であっても、日本の行動は異常ではないとしてこういうのである。

「ナチスの犯罪は、ヴァイツゼッカーの言葉に見られるように、こうした『正義』とは区別された『正常』の基準からしても『異常』であり、従って、戦後においても『異常』な形で対処しなければならないということなのである。日本の過去の行動は、確かに『正義』の基準にかなうものではないであろう。しかしながら、そうしたことは、日本が他国以上に自国の過去を徹底して糾弾しなければならない立場にあることを意味しない。日本の過去は、果たして、それほどに『異常』なのであろうか。」

「（自らの）過去は、果たして、それほどに『異常』なのであろうか」とは、犯罪者のする典型的な自己弁明だろう。十五年戦争といわれるアジア・太平洋戦争による中国における犠牲者数は二千万人とも三千万人ともいわれる。それは計量不能な犠牲者の数をいうのである。この犠牲者をもたらす戦争行為を「異常」といわずして何を異常というのだろう。

私は前に「この憲法の『国民主権』の成立にまで天皇的配慮の来歴を読むほどの坂本の思い入れに私は驚きよりもむしろ怖れを感じる」といった。怖れとは帝国天皇がアジアとこの国にもたらした恐るべき負の刻印が歴史からも人の記憶からも失われることへの恐れである。

２０２３年７月26日　擱筆

〈子安宣邦・市民講座と刊行書籍〉

大学教授の職が定年を迎えた2003年以降、思想史家子安宣邦がその学問的活動の中心に位置づけてきたのは、一般市民を前にして講義する市民講座であった。この市民に向けた講座が定例化すると、A4約十枚程度のレジュメ（論文）が受講者たちに配布されるようになり、その講座の終了とともに、それらの論文を基にして一冊の本が編集され、出版されるようになった。以下に挙げるのは2003年以降に出版された私の著書である。それらの多くは大学退職後の市民講座における講義をもとにした著書である。そこには市民講座の講義とともに雑誌に連載され、後に単行本化された書籍も含まれている。

■**『アジアはどう語られてきたか』**
2003年4月 藤原書店刊
雑誌『環』（藤原書店）2000年春号〜2002年冬号連載
世紀の転換期に韓国・台湾での「東亜」「儒学」をめぐるシンポへの参加を重要な契機とした書

■**『漢字論**――不可避の他者**』**
2003年5月 岩波書店刊
雑誌『思想』（岩波書店）掲載

■**『国家と祭祀**――国家神道の現在**』**
2004年7月 青土社刊
雑誌『現代思想』（青土社）2003年7月号〜2004年4月号

■**『福沢諭吉「文明論の概略」精読』**
2005年4月 岩波書店刊（岩波現代文庫）
2003年以降の東京・昭和思想史研究会の前身をなす読書会の成果

■**『本居宣長とは誰か』**
2005年11月 平凡社刊（平凡社新書）

講座：２００４年つくばの市民講座で話した一般向けの宣長論

■『**宣長学講義**』
２００６年11月 岩波書店刊
講座：２００４年４月〜２００５年９月 大阪・懐徳堂研究会 講義

■『**日本ナショナリズムの解読**』
２００７年３月 白澤社刊　現代書館・発売
アソシエ思想史講座２００５年11月〜２００６年10月

■『**歴史の共有体としての東アジア**——日露戦争と日韓の歴史認識』
２００７年６月 藤原書店刊　韓国・崔文衡氏との共著
第１部「ナショナリズム・日韓関係・東アジア」の子安文章は韓国学中央研究院での連続講義
（２００６年５月）

■『**近代の超克とは何か**』
２００８年５月 青土社刊
雑誌『現代思想』（青土社）２００７年４月号〜２００８年３月号
東京・昭和思想史研究会講義

■『**徂徠学講義**——「弁名」を読む』

２００８年７月 岩波書店刊
講座：２００５年９月〜２００７年３月 大阪・懐徳堂研究会講義

■**『昭和とは何であったか』**
２００８年７月 藤原書店刊
雑誌『環』（藤原書店）２００３年春号〜２００７年秋号連載

■**『思想史家が読む論語――**「学び」の復権**』**
２０１０年４月 岩波書店刊
講座：２００５年 土浦・新郁文館講座で読み始め、大阪・懐徳堂研究会講義で継承

■**『和辻倫理学を読む――**もうひとつの近代の超克**』**
２０１０年８月 青土社刊
雑誌『現代思想』（青土社）２００９年４月号〜２０１０年６月号
東京・昭和思想史研究会講義

■**『日本人は中国をどう語ってきたか』**
２０１２年11月 青土社刊
講座：『中国論を読む』２０１０年５月〜２０１２年９月
東京・昭和思想史研究会講義

■『歎異抄の近代』
２０１４年８月 白澤社刊
講座：２０１２年10月〜２０１４年３月 東京・昭和思想史研究会
大阪・懐徳堂研究会

■『帝国か民主か――中国と東アジア問題』
２０１５年４月 社会評論社刊
講座：２０１４年５月〜２０１５年２月 東京・昭和思想史研究会
大阪・懐徳堂研究会

■『仁斎学講義――「語孟字義」を読む』
２０１５年５月 ぺりかん社刊
講座：２００７年４月〜２００８年９月 大阪・懐徳堂研究会講義

■『大正を読み直す』
２０１６年５月 藤原書店刊
講座：２０１４年10月〜２０１６年２月 東京・昭和思想史研究会
大阪・懐徳堂研究会

■『仁斎論語 上』

■『仁斎論語 下』
２０１７年８月 ぺりかん社刊
講座：２０１３年３月 東京・飯田橋に論語塾を開設 伊藤仁斎とともにわが論語を読む
２０１７年12月 ぺりかん社刊
講座：２０１７年５月まで 東京・飯田橋 子安宣邦論語塾で講義

■『「維新」的近代の幻想』
２０２０年９月 作品社刊
講座：２０１８年４月～２０２０年２月 東京・昭和思想史研究会
大阪・懐徳堂研究会講義

■『〈古事記〉講義――「高天原神話」を解読する』
２０２２年２月 作品社刊
講座：２０２０年４月～２０２１年２月 東京・昭和思想史研究会
大阪・懐徳堂研究会講義

■『神と霊魂――本居宣長・平田篤胤の〈神〉論アンソロジー』
２０２２年９月 作品社刊
講座：２０２１年10月～２０２２年２月 東京・昭和思想史研究会
大阪・懐徳堂研究会講義

注

●第一章

▼1 小林秀雄『本居宣長』新潮社、1977。小林の当書からの引用に当たっては現代当用の漢字・仮名遣いによってした。
▼2 小林『本居宣長』三十九。
▼3 この言語組織を小林は「国語の組織」といっている。この重要な意義については後に問題にする。
▼4 市川匡麻呂「末賀乃比礼」(宣長「くず花」附録)『本居宣長全集』第八巻、筑摩書店、1972。
▼5 小林『本居宣長』四十八。
▼6 小林『本居宣長』四十八。
▼7 宣長『古事記伝』一之巻「訓法の事」。
▼8 『岩波国語辞典』第五刷、1994。
▼9 大槻文彦『言海』改版言海縮刷、六合館、1904。
▼10 小林『本居宣長』四十六。
▼11 吉川幸次郎『仁斎・徂徠・宣長』岩波書店、1975。
▼12 子安『宣長と篤胤の世界』中央公論社、1977。なおこの書は『平田篤胤の世界』(ぺりかん社、2001)に再録されている。

●第二章

▼1　吉川幸次郎『本居宣長』筑摩書房、1977。

▼2　野口武彦「国学への偏見取り払う」、子安『宣長と篤胤の世界』の書評、日本経済新聞、1977年1月。

▼3　加藤倫教『連合赤軍A』新潮社、2003。

▼4　私は今戦後史の事実を福井紳一の『戦後日本史』(講談社)によって書いている。これは戦後史を省みる上で最良の書である。

▼5　吉川『本居宣長』所収。

●第三章

▼1　吉川幸次郎『仁斎・徂徠・宣長』岩波書店、1975。

▼2　子安『宣長と篤胤の世界』中央公論社、1977。なおこの書は『平田篤胤の世界』(ぺりかん社、2001)に再録されている。

▼3　子安『神と霊魂』(作品社、2022)の第二章「神の道の成立」の現代語訳『直毘霊』による。

▼4　「異国のさだ」は稿本『古事記伝』が収める『道云事之論』では「異国之定」となっている。異国の決まった風、やり方。ここで異国とは漢《から》の国であるが、これを御国と異なる別種の国として差異化する。

▼5　荻生徂徠は「聖とは制なり」として、聖人を道の制作者とする。これは聖人(先王)とは礼楽の道という人間の文化的・社会的体系の制作者であることをいうのである。ここから宣長は聖人によって作られた道という〈作為性〉の否定的な意味だけを拡大して導き出し、聖人の権力意志による虚偽的な詐術としての道をいっていくのである。

▼6　「六経」とは、中国古代の先王の事績および習俗文化の記録であるが、孔子によって編まれたとされ、経書として尊重されていった。詩・書・礼・楽・易・春秋をいう。徂徠は先王(聖人)の道が備わるものとして「六経」を重視した。ここで

宣長が「六経」をいうのは、徂徠派の儒者を意識してである。
▼7　子安宣邦『徂徠学講義――『弁名』を読む』岩波書店、２００８。
▼8　日本思想大系本『弁道』『弁名』の校訂者西田太一郎はこういっている。「『弁道』の末尾に『享保丁酉秋七月望　物茂卿』と記されていて、享保二年に草稿ができあがった。『弁名』はそれとほぼ同時期に、あるいは、やや遅れてできたと思われる。」「解題」日本思想大系36、岩波書店。
▼9　徳川吉宗の将軍職在位期間は１７１６年～45年である。

●第四章

▼1　ここで津田の『我が国民思想の研究』に言及しているのは、本章が私の市民講座の課題として津田のこの大著をもっていた時期の報告原稿を基にしているからである。
▼2　呉座勇一『応仁の乱――戦国時代を生んだ大乱』中公新書、２０１６。
▼3　天皇と武家政権との関係については、今谷明『武家と天皇――王権をめぐる相克』（岩波新書、１９９３）に多くのことを教えられた。
▼4　内藤湖南「応仁の乱について」『日本文化史研究』（『内藤湖南』日本の名著41、中央公論社）。
▼5　内藤湖南『応仁の乱に就て』ゴマブックス（株）、２０１６。
▼6　内藤湖南「君主制か共和制か」『支那論』文会堂書店、１９１４。

●第五章

▼1　津田『文学に現はれたる我が国民思想の研究――平民文学の時代 上』第一篇 平民文学の隆盛時代・第四章 文化の大勢四、津田左右吉全集・別巻三。
▼2　津田「平民文学の隆盛時代」第一章「文化の大勢一」。

▼3　成田龍一『大正デモクラシー』岩波新書。
▼4　津田「平民文学の隆盛時代」第四章「文化の大勢四」。
▼5　横田冬彦『天下泰平』日本の歴史16、講談社、２００２。
▼6　子安『仁斎学講義』ぺりかん社、２０１５。
▼7　久松潜一『契沖の生涯』創元社、１９４２。

●第六章

▼1　本居宣長『直毘霊』『本居宣長全集』第九巻、筑摩書房、１９６８。『直毘霊・玉鉾百首』岩波書店、１９３４。
▼2　津田左右吉『文学に現はれたる我が国民思想の研究』(八)「平民文学の停滞時代」岩波文庫、１９７８。引用に当たっては当用の漢字・仮名遣いに改めた。また中国についての「支那」という呼称も本書で用いられるままである。
▼3　子安宣邦「「シナ」の消去としての日本近代」『「維新」的近代の幻想』作品社、２０２０。
▼4　儒家聖人とその道を批判し、わが古えの神の道を見出す宣長の言説、いいかえれば「異国」を設定し、その反照板として「皇国」を構成していく宣長の言説については私の著書『本居宣長』(岩波新書１９９２、岩波現代文庫２００１)によっている。
▼5　吉田伸之『成熟する江戸』日本の歴史17、講談社、２００２。
▼6　横田冬彦『天下泰平』日本の歴史16、講談社、２００２。
▼7　尾藤正英「江戸時代の天皇」『江戸時代とはなにか——日本史上の近世と近代』岩波書店、１９９２。
▼8　池上裕子『織豊政権と江戸幕府』日本の歴史15、講談社、２００２。
▼9　本居宣長『玉くしげ・秘本玉くしげ』村岡典嗣校訂、岩波文庫。

●第七章

▼1　壇上寛『天下と天朝の中国史』岩波新書、2016。「明清の交代」とそれ以後の中国と東アジア史をめぐっては壇上氏のこの書に多くのことを教えられた。
▼2　壇上寛、同上書、第10章「華夷変態と中外一家」。
▼3　荒野泰典「江戸幕府と東アジア」、荒野泰典編『江戸幕府と東アジア』日本の時代史14、吉川弘文館、2002。引用に当たっては文中のそれぞれの諸点の言及者をめぐって記されている注は割愛した。
▼4　田中健夫『対外関係と文化交流』思文閣出版、1982。
▼5　『玉くしげ』本居宣長全集、第八巻、筑摩書房、1972。

●第八章

▼1　津田左右吉「日本の皇室」中央公論、昭和27年7月号、『日本の皇室』所載、中公クラシックス、中央公論新社、2019。
▼2　津田左右吉「文学の現はれたる国民思想の研究　五」『津田左右吉全集』第八巻、岩波書店、1964。
▼3　子安『「維新」的近代の幻想』作品社、2020。
▼4　津田左右吉「明治憲法の成立まで」『津田全集』第八巻、「明治憲法の成立まで」は雑誌『心』1959年6・10月号掲載。
▼5　津田左右吉「建国の事情と万世一系の思想」雑誌『世界』(1946年4月)、『日本の皇室』所載。
▼6　米谷匡史「古代東アジア世界と天皇神話」『古代天皇制を考える』日本の歴史08、講談社、2001。
▼7　『衝口発』「日本思想闘諍史料」第四巻所収、名著刊行会。なお宣長の『衝口発』批判をめぐっては私は「一国始原の語り」(『江戸思想史講義』岩波書店、1998)で書いている。『衝口発』からの引用も同論文に依っている。

●第九章

▼1　佐藤優「革命の可能性が開かれた」『私の天皇論』所収、『月刊日本』1月号増刊、K&Kプレス、2018。
▼2　内田樹「私が天皇主義者になったわけ」『私の天皇論』所収、『月刊日本』1月号増刊。

▼3　佐藤優「革命の可能性が開かれた」『私の天皇論』所収。
▼4　西部邁「フィクションとしての天皇」『私の天皇論』所収。ただこの論文の初出は『月刊日本』平成29年6月号である。西部の死は平成30年1月21日である。
▼5　西部はこうもいっている。「戦前、美濃部達吉は天皇機関説を唱えましたが、この場合の『機関』は『統治権の総攬者』という統治機構における機関です。しかし天皇論として考えるならば、国民精神には聖なるものを求める『機関』があり、天皇はその『象徴』であると解すべきです。天皇の地位が国民の総意に基づくというのは、そういう意味を含んでいるんです。だからなぜ天皇が必要なのかと言えば、国家にせよ人間にせよ『聖なるものへの志向性』を持っている以上、各国にそれぞれに儀式や象徴に関わる文化制度が在るのは必然であり、その一つとして日本の天皇制があるのだということです。」（「フィクションとしての天皇」）
▼6　坂本多加雄『天皇論』都市出版社、1995。文春学芸ライブラリー版、2014。
▼7　坂本『天皇論』第四章。
▼8　坂本『天皇論』第四章「日本国憲法とフランス革命の物語」。
▼9　佐藤功『日本国憲法概説』〈全訂新版〉学陽書房、1974。
▼10　同上
▼11　中島岳志「『来歴』の思想家」、坂本多加雄『天皇論』解説、文春学芸ライブラリー版。
▼12　子安宣邦『「宣長問題」とは何か』青土社、1995。

あとがき

本書の最終章を書き終えたとき私はその原稿の末尾に「2023年7月26日擱筆」と書き入れた。これまで私は著述の末尾にそのような文字を書き添えたことはない。だが今回は違った。この原稿は私の市民講座の最終講義のためのものであったからである。その最終講義は昨年の9月9日に早稲田奉仕園のホールを借りて行われた。大学を停年で離れて以来、市民講座が思想史家としての私の活動の主要な場であった。だがこの市民講座で私はただ受け身な参加者への知識・教養の伝達者としてあったわけではない。東京と大阪に設けられた市民講座には十分な社会的キャリアをすでに持たれた人たちや社会的発言への新たな意欲をもった若い人たちが集まった。私の市民講座における課題の設定もその展開もこれらの講座参加者とともになされていったのである。本書に付された《市民講座と刊行書籍》はこの市民講座による思想的産物として私の著作があることを示している。『論語』も『古事記』も私はこの講座で市民とともに読み直したのである。市民講座なしには私のこの著作群はないといえるだろう。

さらに私の市民講座の最終講義が「天皇制」になることをもこの市民講座と著作群は示している。「天皇制」こそがわれわれにとっての根底的な問題であることを講座参加者とともに私は確認し合ってきたことである。私の最後のまとまった著作ともいえる『「維新」的近代の幻想』（作品社、

2020）は明治維新が「王政復古」の旗幟を掲げた長州藩を中心とする反幕府的武家勢力によるクーデターであることを津田左右吉の維新論によって確認し、「維新」的近代天皇制国家の幻想性を破りながら、その無惨な現実に直面することを求めつつなされた講座の成果である。その「王政復古」的維新を導く「天皇制的日本」とはいかに語り出されてきたのかとは、まさしく最後の問題として私たちに残されたのである。だがこの最後の問題のための講座の開催は容易ではなかった。なおコロナ禍によって集会が抑止されている時期であった。早稲田奉仕園や細川庭園の松聲閣などわずかに残された教室によってこの講座は開催された。そしてこの講座の最終回であり、私の市民講座の最終回でもある講座が昨年9月9日にもたれたのである。私の市民講座に集い、これを支え続けてくれた多くの方々に心からの感謝と敬意とをもってこの書を捧げます。

最後に『「維新」的近代の幻想』とともに本書『天皇論』の出版の労をおとり下さった作品社の福田隆雄氏に心からの感謝を申し上げます。

2024年3月21日

子安宣邦

[著者紹介]
子安 宣邦（こやす・のぶくに）
1933年生まれ。東京大学文学部卒業。東京大学大学院人文科学研究科（倫理学専攻）修了。文学博士。大阪大学名誉教授。日本思想史学会元会長。
著作は韓国・台湾・中国で翻訳され、多くの読者を得ている。現在、中国で続々と著作が刊行中である。
主な著作：『日本近代思想批判』『江戸思想史講義』（岩波現代文庫）、『漢字論』（岩波書店）、『「近代の超克」とは何か』『和辻倫理学を読む』（青土社）、『「大正」を読み直す』（藤原書店）、『仁斎論語』上・下（ぺりかん社）、『神と霊魂《たま》――本居宣長・平田篤胤の〈神〉論アンソロジー』（作品社）など多数。

天皇論
「象徴」と絶対的保守主義

2024年5月20日　第1刷印刷
2024年5月30日　第1刷発行

著者――――子安 宣邦

発行者―――福田隆雄
発行所―――株式会社作品社
〒102-0072 東京都千代田区飯田橋 2-7-4
tel 03-3262-9753　fax 03-3262-9757
振替口座 00160-3-27183
https://www.sakuhinsha.com
本文組版――有限会社閏月社
装丁――――伊勢功治
印刷・製本――シナノ印刷(株)

ISBN978-4-86793-034-2 C0010

子安宣邦の本

「維新」的近代の幻想

日本近代150年の歴史を読み直す

はたして、“明治維新”は、近代日本の“正しい”始まりなのか？　横井小楠、鈴木雅之、石田梅岩、津田左右吉、戦没学生たち……、忘れられ、抹殺されてきた一群の思想的血脈があった。その思想を紐解き、「近代化」論に一石を投じる日本思想史の第一人者による歴史の読み直し。

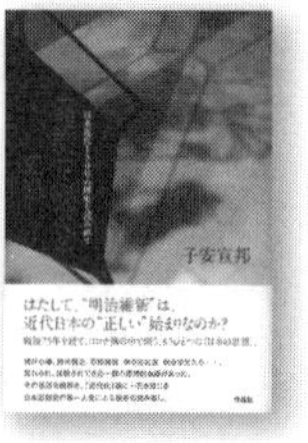

〈古事記〉講義

「高天原神話」を解読する

“いま、古事記を読む。これは、もうすぐれて現代日本をめぐる問題なのだ。”宣長の『古事記伝』をはじめ、次田潤、倉野憲司、西郷信綱、西宮一民らの従来の国文・国語学者の代表的「古事記注釈」を参照、それら諸注の批判的解読作業（評釈）を通じて、日本思想史の第一人者が読みこむ画期的読解。

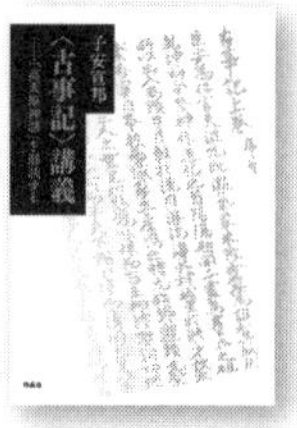